研 路

清华大学研究生风采录

赵 岑 梁君健 主编

清华大学出版社
北京

内 容 简 介

本书一共分为研路博观篇、研路逐梦篇、研路弘毅篇、研路探臻篇四个篇章，记载了五十余位学子严谨求学的心路历程，展现了他们为梦想奋斗的艰辛，以及面对人生选择与价值选择等问题时所进行的一系列深度思考和抉择。这些故事虽然只是清华百余年来众多学子中很小的一部分，但是却充分反映了清华学子"严谨、勤奋、求实、创新"的优良学风和行胜于言的优良校风。

本书可作为从事学生教育研究的管理人员的参考书，也可作为高年级本科生和研究生对未来人生道路进行思考和抉择的参考书。

图书在版编目（CIP）数据

研路：清华大学研究生风采录 / 赵岑，梁君健主编.— 北京：清华大学出版社，2023.12
ISBN 978-7-302-65109-3

Ⅰ.①研⋯　Ⅱ.①赵⋯ ②梁⋯　Ⅲ.①清华大学—研究生—先进事迹　Ⅳ.①K828.4

中国国家版本馆CIP数据核字（2023）第236077号

责任编辑：陈凯仁
封面设计：傅瑞学
责任校对：欧　洋
责任印制：杨　艳

出版发行：清华大学出版社
　　　　　网　　　址：https://www.tup.com.cn, https://www.wqxuetang.com
　　　　　地　　　址：北京清华大学学研大厦A座　　　邮　　编：100084
　　　　　社 总 机：010-83470000　　　邮　　购：010-62786544
　　　　　投稿与读者服务：010-62776969, c-service@tup.tsinghua.edu.cn
　　　　　质量反馈：010-62772015, zhiliang@tup.tsinghua.edu.cn
印 装 者：小森印刷（北京）有限公司
经　　销：全国新华书店
开　　本：170mm×240mm　　印　　张：17.5　　字　　数：302千字
版　　次：2023年12月第1版　　印　　次：2023年12月第1次印刷
定　　价：98.00元

产品编号：097694-01

编委会

序 言

　　"海能卑下众水归，学问笃实生光辉。"清华园里无论夏秋，总会回荡起校歌的声音。这刻进清华人内心深处的旋律，不仅回荡在校园里，而且深入每个人的学业和生活。在清华园，无数人踏实求学，点燃梦想，绽放自我，收获了最美好的青春和成长。他们从清华园走出，奔向世界各地，扎根各行各业，服务社会和人民，用辉煌的成绩回报母校和国家。自强不息、攻坚克难、踏实进取、与时俱进，这些精神被一代又一代清华人传递着，他们互相鼓舞、砥砺前行，为把清华大学全面建成世界一流大学贡献出自己的一份力量。

　　朋辈的激励与文化的传递是清华精神与传统绵延不息的重要原因。在清华园中，无论是刚踏入校园的"萌新"，还是探索已久被瓶颈期困扰的科研人，都会在与身边人的交流和学习中，逐渐地找到自己的方向，走向开阔的未来。清华大学各项荣誉的评定，既是树立榜样、发挥朋辈激励作用的主阵地，又是学校立德树人、建设校园新学风的重要途径。此外，清华园还有着优秀的"双肩挑"传统，绝大部分获奖者在读书期间都曾担任辅导员，参与学生工作的管理和校园活动的组织，用自己的亲身经历和热情帮助后学，他们的故事也成为一种传承的文化与精神，在每一届学生中传诵，影响着园子里每一位同学，激励着他们奋发向前、攻坚克难、全面发展。荣誉不仅可以成为鞭策获得者继续勇攀高峰的精神力量，还会对他人形成强大的感召力，创造比、学、赶、超的校园氛围，从而激励全校师生自强不息，再创辉煌。他们的故事在校园里流传着，更在社会和各行各业传诵着，感动和激励着了无数青年，让清华人的力量深入社会的每一个角落，让世界见证了清华人的使命与担当。

本书记载了五十余位学子严谨求学的心路历程，展现了他们为梦想奋斗的艰辛，以及面对人生选择与价值选择等问题时所进行的一系列深度思考和抉择。这些故事虽然只是清华百余年来众多学子中很小的一部分，但是却充分反映了清华学子"严谨、勤奋、求实、创新"的优良学风和行胜于言的优良校风，充分展现清华大学研究生教育和培养工作的重要内容和成效，激励和引导校园以及校园之外更多负笈游学、突破自我的人。清华大学党委研工部组织编写本书，记录并展现近些年求真务实、坚持热爱、敢为人先、扎实求新的优秀研究生的个人风采和心路历程。本书分为研路博观篇、研路逐梦篇、研路弘毅篇和研路探臻篇共四个篇章，记录了他们每一个人某一段别样的科研青春和人生历程，展现他们创新求索、服务社会国家的精神与担当，用真实的声音和正能量的行动诠释清华大学"自强不息，厚德载物"的校训。

百十载春华秋实，行健不息的莘莘学子接续前行、奋进不辍，用坚实的脚步践行自己最初的誓言。努力和坚毅是黑夜中的火炬，从一代又一代清华人手中传过，燃烧不息。这个名叫"清华人"的群体永远年轻，这座古朴典雅的园子也在春华秋实中，历久弥新、永远散发着青春的活力，等待着明天的美好与光辉。

是为序。

本书编委会

2023 年 6 月

目 录

研路弘毅篇 127

研路探臻篇 201

研路博观篇

　　"脚踏实地，宁静致远。"本篇中的学子，他们坚守匠心，助力强国梦，如致力于实现核心技术自主的王翔宇同学。他们博观约取，全面发展，如不忘科研初心，向美而行，文体两开花的宋爽、曾繁尘同学。他们扎根学识，怀志国家，不畏苦、敢为先，如探寻世界屋脊，走近高原冻土，引领学术高点的王泰华同学。……

　　研究生涯是一场关于智力、心力、体力的多重考验，"非学无以广才，非志无以成学"，下得苦功夫才能求得真学问，练得好身心才能为祖国至少健康工作五十年。清华大学为广大学子提供了逐梦、筑梦的稳态环境，师门导师为学生提供了可闯、可拼的动态支持，助力莘莘学子在追梦道路上奋勇前行、迈向远方。在挫折面前不言弃，在成就面前不露骄，"日拱一卒无有尽，功不唐捐终入海"。只要坚守初心、奋斗不止，胜利的篇章终将到来，振奋的故事也会长远流传。"研路博观"篇中的学子就是其中的杰出代表。

戚悦：
延续清华文脉，会通中西
文明

　　戚悦，人文学院 2018 级博士生，师从孙明君教授，研究方向为汉唐文学。在《史学月刊》《民俗研究》《乐府学》等重要期刊发表论文多篇，从 2016—2022 年共出版译著 13 部，总字数达 400 多万。2021 年获得公派联合培养博士生资格，赴哈佛大学深造。先后获得未来学者奖学金、大成国学奖学金、国家奖学金等荣誉。

博学致远，跨专业追寻梦想

　　戚悦本科毕业于浙江大学英语语言文学专业，硕士就读于北京大学英文翻译方向，2018 年考入清华大学中文系攻读博士学位，选择以中国古典文学为研究方向。在跨专业求学的背后，她付出了诸多努力，厚积薄发，只为实现中西文明互鉴的梦想。大学一年级，她并不在英文系，是在人文科学试验班进行文史哲专业基础课程的学习。大学二年级她申请转入英文系，进行跨专业学习。谈到转系的选择，戚悦说："我从小很崇拜钱钟书先生，梦想着有一天也能成为像他那样融贯中西的学者，而钱先生在大学里读的便是外文系。"所以经过反复考虑，她选择了英文专业。在大学本科后三年，她的学习生活非常紧张，特别是大学本科四年级，是最为忙碌却又收获满满的一年，对她整个人生具有重要的影响。硕士阶段她就读于北京大学，研究文学和学术翻译，她特别关注海外汉学著作的译入和中国传统经典著作的译出，这正是大学阶段两个方向的结合和延伸，既需要英文这一重要的工具，又需要文史哲的基本训练和古典文学的素养。在硕士研究的基础上，博士阶段她终于来到向往已久的清华大学，这里是她的偶像钱钟书先生的母校。经常有朋友问她这样两个问题："研究古典文学，为什么要绕一个大圈子，从英文系转到中文系？为什么要从北大到清华？"其实，融贯中西是她的理想，清华大学正好有着"中西融会，古今贯通"的学术传统，从国学院的四大导师到后来培养出的王力、钱钟书、季羡林等先生，他们都是学贯中西的大师。英文是她的工具，中西文明互鉴才是她的目标和理想。

清华的校歌里有这样两句："立德立言，无问西东。"这正是"中西融会，古今贯通"的学术传统。当年的清华国学院，从主任吴宓到四大导师中的王国维、陈寅恪、赵元任都精通西文，以及后来从清华园走出去的王力、钱钟书、季羡林等先生也都是学贯中西的大师。清华大学深厚的国学底蕴和会通中外的人文精神是吸引戚悦来到这里的根本原因，她非常认同清华大学的全面发展理念，她的学术理想便是以中西文明互鉴与会通为目标，通过对中国传统文化的准确理解和阐释，弘扬中华优秀传统文化的基本精神，为中华文化走向世界贡献力量。

昭明有融，以创新为学术使命

"百年清华，人文日新。"清华古典文学专业的每一位老师都以创新为自己的学术生命，这对戚悦产生了深刻影响。她的学习和研究与老师们的教导密不可分，有许多问题和思考都源于老师的课堂。戚悦有一篇论文是研究张若虚的《春江花月夜》，这样一首家喻户晓的唐诗名作，还能有什么新发现吗？她动用了各种可能的手段，经过多方考证，不仅有了新发现，而且可能是颠覆性的。在已有研究成果的基础上，她认定这首从小就会背的唐诗实际上由两篇作品拼凑而成，其中还包含了另一首诗歌，名为《秋月》。这一结论可能将改变大家对这首唐诗名作的认识，当然也挑战了关于这首诗已有的众多研究成果。这篇文章在投稿过程中，有一个小插曲。她最初是投给了著名的专业期刊《乐府学》，然而三个多月过去了她没有收到任何消息，只好把这篇文章又投给了《励耘学刊》，很快就被采纳了。后来，《乐府学》的副主编亲自给她打电话，说他们想用这篇文章，由于种种原因耽误了审稿。这个电话对她是极大的鼓励，也让她在学术的道路上收获了更多的勇气。可以说，她的每一篇文章都有这样大大小小的创新之处，如果没有新的想法，无关痛痒的文章她坚决不写，这就是清华给她的学术精神。

会通中西，在不断尝试中成长

除了专注于古典文学的研究和探索外，戚悦还是一名优秀的青年译者。从 2016 年至今的六年时间，她翻译了 17 本学术或文学译著，已经出版了 13 本，总字数达 400 多万。虽然她真正开始出版翻译作品是在 2017 年，但是她的翻译之路实际上已经很长了。戚悦还在读初三的时候，她就尝试把"哈利·波特"系列的第六本翻译成中文，那只是为了给小伙伴们看。进入北大读硕士之前，她尝试翻译过一本英国维多利亚时期的文学作品，篇幅长达 40 多万字。为此她投入了巨大的精力，但也不是为了出版，而只是因为她太喜欢那部小说，单纯地想把一部优秀的作品翻译成中文。

戚悦已出版的学术和小说译著

进入北大以后，她积极参与出版社和图书公司的试译，开始屡遭拒绝，可以说屡战屡败，但又屡败屡战。她的电脑里有一个文件夹，专门存放自己的试译稿，每次失败都会反复推敲，判断究竟是哪里做得不够好。这样经过了十几次试译，她的稿子终于通过了。通过翻译，她有机会与全国乃至世界各地的作家、编辑、读者以及译者同行成为朋友。刚来清华时，戚悦第一次去文科图书馆，突然在书架上看到了自己翻译的作品，异常惊喜。目前，清华图书馆已收藏了 7 部由戚悦翻译的学术著作和文学作品，对她来说这是莫大的鼓励与肯定。她说："每当我走进图书馆，看到书架上摆着我翻译的《古希腊人》《罗马十大英雄皇帝》《四十个房间》等多种译著，便感到由衷的欣慰——作为清华的学子，在清华大学成为世界一流大学的征途上，或许也有着我一点小小的贡献，虽然微不足道，却是令人格外高兴的事情！"

言传身教，学术路上的指引者

戚悦进入清华以后，曾获未来学者奖学金、大成国学奖学金、国家奖学金等多项荣誉。在她看来，这些荣誉的取得离不开导师孙明君教授的指导和关怀。孙老师是研究魏晋南北朝文学的专家，对待学术非常严格认真。孙老师因材施教，鼓励她发挥自己的特长，在研究中充分结合她的英文学术背景，形成自己独特的创新点。在孙老师的课堂上，他们阅读陈寅恪先生的《东晋南朝之吴语》一文，当时她刚刚翻译完一本剑桥大学教授撰写的学术著作，里面讨论了罗马贵族学习并使用希腊语的问题，让她深受启发，在二者比较的过程中，戚悦觉得可以对陈先生提出的"江

戚悦在北京新书发布会上与原作者合影

左士族操北语，而庶人操吴语"的著名论断予以补充，这一想法得到孙老师的赞许和支持，她后来写成文章，投给了在史学界影响很大的《史学月刊》，成功发表。在特等奖学金的颁奖大会前夕，戚悦得知大会上有一个环节是获奖人向导师献花，以感谢老师的栽培之恩，但她远在美国，无法当面向孙老师表达感谢。孙老师得知后对她说："没有关系，这只是个形式，名不要紧，实才重要。"孙老师一直都是如此，潜心钻研学术，悉心教导学生，丝毫不计名利。

孙老师师门有着浓厚的学术氛围和真挚的同门情谊，也让戚悦在清华园中度过了最美好的读书时光。2021年秋季学期开始，虽然戚悦在美国，孙老师还有一个学生在马来西亚，但是每周他们都以线上线下结合的方式举办读书会，克服时差等影响，继续开展学术交流与讨论。读书会之外，他们也经常在微信上交流，有时讨论学校的课程，有时讨论读书会的主题，有时还讨论学校食堂新出的菜品。2021年冬天，北京下第一场雪时，看到同门在群里发了初雪的照片，戚悦忽然觉得自己仿佛从未离开过清华园。

作为清华学子，能够进入清华读书是一件非常光荣和自豪的事情。戚悦希望与大家共勉，用我们最美好的青春精心谱写最动人的乐章，决不可辜负多少人梦寐以求的水木年华，时刻不忘为清华的明天书写更加绚丽的篇章！

照顾清华园里的流浪猫是每天的必修课

宋爽：
脚踏实地，宁静致远

宋爽，工业工程系2019级博士生，担任清华大学工业工程系工博19级学习委员，曾任"双肩挑"政治辅导员。学业成绩排名年级第一，截至2021年12月已发表SCI期刊论文6篇，获得百济神州青年论文二等奖，并在北京生物医学统计与数据管理研究会年会、第七届全国高校研究生统计论坛作报告。读博期间获得蒋南翔奖学金、国家奖学金、未来学者奖学金、综合一等奖学金、"一二·九"辅导员郭明秋奖等。曾获得美国大学生数学建模竞赛特等奖提名，全国大学生数学建模竞赛国家级二等奖、北京市一等奖等。被评为庆祝中华人民共和国成立70周年活动先进个人、清华大学优秀学生干部、清华大学学生会系统优秀学生骨干、清华大学五星级志愿者、工业工程系年度人物、工业工程系优秀志愿者等。

醉心科研　宁静致远

谈到数学，宋爽始终有一种发自内心的热爱和向往，探数寻理，探求自然科学的精妙，享受科学研究的纯粹。大二和大三，她接触了概率和统计课程，也很喜欢这个通过数据来研究事物发展规律的学科。抱着了解统计、尝试科研的心态，她进入统计中心侯琳老师的课题组，开始接触生物统计学。她记得耶鲁大学赵宏宇教授在一次讲座中说道，"Biology is complex and interesting. Statistics is useful to make sense of large and complex biological/biomedical data."（生物学是复杂而有趣的。统计学对理解大量而复杂的有生物学意义、生物学数据有很大的帮助。）在宋爽看来，能够把统计学和生命科学两件有趣的事情结合起来，利用统计模型对生物学规律有多一点了解，是一件非常迷人的事情。她回想曾经撰写第一篇学术论文的经历，从开始时无从下笔，搜索阅读大量文献，到写出一个框架，逐渐完善成完整的文章。第一篇文章发给老师和学长时，几乎每一处都有修改的痕迹，看着大文件上密密麻麻的修改和批注，她打心底里佩服老师和学长对待学术耐心严谨、精益求精的态度，也进一步坚定了学术的理想和志向。

2019 年，宋爽直博进入清华大学工业工程系统计学研究中心，师从刘军教授和侯琳副教授。她感慨自己很幸运，导师博学严谨、平易近人，了解学生所思所想，善于激发学生潜能，课题组也很温暖，大家常常一起约饭聊天，碰撞科研火花，畅谈人生理想。科研无疑很辛苦，在论文大修的那段时间里，清晨到达工位，凌晨回到寝室，几乎成了生活常态，但当看到程序的漏洞被修复，困扰很久的问题得以解决，到后来，一篇篇论文相继被接收，所带来的成就感也是无以言表的。在直博的前两年，宋爽发表了 SCI 论文 6 篇，包括（共同）第一作者 4 篇，并有多篇论文在投在审，获得一项软件著作权；参加北京生物医学统计与数据管理研究会 2019 年、2020 年年会暨第五届学术研讨会，并作为优秀论文获奖者作学术报告；第一作者论文被 2021 中国自动化大会接收，并参加海报展示；参加了 2020 年、2021 年美国统计协会联合统计学会议，2021 美国人类遗传学会议等。疫情期间，她与地学系进行合作，参与了清华大学"流行病学传播预测与对策"项目，被评为"清华大学抗击新冠肺炎疫情先进集体"。在科研的同时，宋爽没有放松研究生课程的学习，学业课程平均绩点 3.98，年级排名第一，并获得国家奖学金、未来学者奖学金、综合一等奖学金等。

热心社工　用心付出

读博阶段，宋爽还担任了数学系"双肩挑"思想政治辅导员，工博 19 级学习委员。成为一名带班辅导员，宋爽坦言，从学生向辅导员的角色转变，既有兴奋也有不安。回想入学场景，她在辅导员寄语中写下了对同学们的建议和期许，"一是奋斗与坚持。愿你们能够始终保持奋斗的姿态，踏踏实实、不急不躁、稳步前行，认真地对待每一件事情。二是探索与选择。做好权衡和取舍，去追寻真正热爱的事情，也是认识自己，寻找自己的过程。三是自信与笃定。始终保持踏入园子时的那份自信与笃定，坚守那份从容，坚信你的珍贵，明确自己的方向，沉着冷静地向目标前行，'听从你心，无问西东'"。

与本科生住在同一幢宿舍楼，宋爽和学生们朝夕相处，倾听学生心声，了解他们的思想动向，舒缓他们的压力，并为他们分享学习方法和生涯规划的经验。她希望能够成为同学们在园子里遇到困难可以时刻想到的那个人，看到一扇扇心灵之门被打开的时候，她也深刻地感受着这份工作的美好和光辉。

宋爽担任 2019 级本科生军训 1 营 1 连指导员

志愿奉献　脚踏实地

与此同时，宋爽也一直热心参与志愿公益活动，参加了多项志愿服务工作，被评为清华大学"五星级志愿者"。工业工程系"优秀志愿者"，志愿北京工时达到 239 小时。最让她骄傲的一次志愿经历，是在国庆 70 周年庆典活动中担任观礼台 C3 区志愿者组长、院系志愿者领队，承担活动前期筹备、观礼区域嘉宾引导、组织协调工作。志愿者培训主要在 8 月下旬，作为新生辅导员和一年级研究生，还要兼顾本科新生军训、研究生开学、数学建模比赛等事情，同时更要做好科研的本职工作。早上七点去综体参加开训典礼，上午九点到地质大学培训，下午到故宫实地踏勘，晚上六点回校，六点半学校安排专项活动培训，有几天彩排和数学建模比赛撞在一起，她三天大概睡了六个小时，困到站着都能睡着。但当国歌响起的一瞬间，心中升起的力量还是支持她把工作完成好。回看那些时光，有幸见证盛典的气势恢宏，去为祖国的伟大繁荣贡献一份力量，那些所有毫无保留的付出，执着不懈的坚持，都是值得的。她也被评为清华大学"庆祝中华人民共和国成立70周年活动先进个人"，并作为先进个人代表领奖。

宋爽担任国庆70周年观礼台区志愿者组组长

同时，她还担任了第二届"一带一路"国际合作高峰论坛的联络志愿者，一对一联络老挝代表团。会议中间有一个中老铁路廉政建设展览，中老铁路延伸着两个国家的友谊，两国嘉宾交谈得非常热情，她也越加真切地为两个国家的友好和尊重而感动。2021年12月3日，中老铁路正式通车，她也见证了两个国家在疫情面前坚定而深切的友谊。

宋爽担任第二届"一带一路"国际合作高峰论坛志愿者

此外，她也担任了第八届世界华人数学家大会志愿者，接机组组长，VIP引导组组长、新世界颁奖典礼组组长，获得表现出色志愿服务证明；担任亚洲文明对话大会志愿者、清华大学110周年校庆志愿者。担任清华大学情系母校活动青岛二中支队长，被评为优秀个人，支队被评为一等奖支队，同时获得最佳互动奖，活动影响奖，特色材料奖等诸多荣誉奖项。

博观约取　全面发展

在学业之外，宋爽也喜欢生活中各种各样美好的事情，有着广泛的兴趣爱好。钢琴通过十级，喜欢排球、羽毛球、游泳等运动。在首届清华大学射击比赛气手枪项目决赛中获得第六名，代表工业工程系在台式冰壶比赛中获得第四名。曾获得系运会女子 100 米冠军，参加中国大学生校园路跑接力赛、中国大学生马拉松联赛、"醇享清春，追梦彩跑"等体育活动，以及数学系学生节、统计中心年会、数学中心年会、新生骨干文艺会演等文艺活动。她还是清华大学魔术社和葡萄酒协会的成员之一。

"非学无以广才，非志无以成学。"沐浴着清华灿烂的阳光，汲取着丰富的养料，在梦想的璀璨星河里畅游驰骋，在追梦的道路上脚踏实地，迈向远方。宋爽希望能够不忘初心，向美而行，怀着一颗感恩的心，以百倍的信心和万分的努力去迎接更大的挑战，并希望能通过自己的努力回馈社会，为社会和他人带来温暖和希望。

刘勇亮：
读研就是一场关于"尝试"的探险

刘勇亮，新闻学院2019级硕士研究生，师从周庆安教授，研究方向为国际传播与政治传播。在SSCI、CSSCI、中文核心等期刊发表多篇学术论文，在 *China Daily*、中国日报中文网等媒体发表多篇中英文报道。曾担任新闻学院研工组副组长，获清华大学研究生国家奖学金、清华大学综合优秀奖学金，获评清华大学优秀研究生共产党员、清华大学优秀共青团员等。

在尝试中汲取经验

"不知道做什么的时候就什么都先尝试一下"，"尝试"成为了刘勇亮研究生阶段的关键词。刘勇亮曾先后在央广传媒、贝恩咨询、新华社、腾讯微信事业群、中国日报社等单位实习。其中让他印象最深刻的是在中国日报的实习经历。

余华是刘勇亮最喜欢的中国作家，在中国日报实习时，他曾有幸撰写有关余华的长篇英语新闻报道。正当刘勇亮期待自己的文章能够顺利发表时，外国专家的修改意见让他看到了自己在英语写作方面的欠缺与不足。他阅读了中国日报过往撰写的各类人物特稿，不断向报社老师请教沟通，反复打磨自己的新闻稿件。最终，这篇英语报道得以在 *China Daily* 纸质报刊全文发表。

刘勇亮在余华新书发布会提问

此外，刘勇亮还曾前往陕西淳化、天津蓟州、河北平山、雄安新区等地进行实践调研。在基层乡村，刘勇亮看到了脱贫攻坚带给中国人民的生活变迁。天津郭家沟村的一户村民通过兴建乡村民宿，年收入从原来的几千元突破了如今的数十万元。也正是这些经历，丰富了刘勇亮对于新闻的感知与使命。

在科研中找到热爱

经过两年的尝试，刘勇亮逐渐坚定了自己的志向——在科研之路深耕。虽然参与了多个行业的实习，但他并没有耽误学业。研究生阶段全部 14 门课程中，刘勇亮有 13 门获得满绩 4.0，平均学分绩 3.97，位列全年级第一。

看似亮眼的成绩单背后，是刘勇亮日复一日的努力。在"公共外交理论与实践"课上，老师每周课前都会进行国旗、中英文国名和首都名小测。刘勇亮把所有国家的信息都汇总到 A4 纸上，每天早上起床的第一件事就是看国旗，然后默写。甚至在每晚入睡前，他躺在床上嘴里不停念叨的，还是这些国名和首都名。一个学期下来，刘勇亮默写完了整整一个本子，也取得了这门课优异的成绩，对于各国的国旗等信息也了如指掌。

刘勇亮的科研之路也并非一帆风顺。研一下学期，刘勇亮开始进行论文写作，这对于他来说是一次全新的挑战。他的本科专业是荷兰语，在来到清华之前他并未接受过完整的学术训练。刘勇亮根据导师推荐的研究方向，阅读了大量的文献，向师兄师姐请教论文写作技巧，然而抓不到的写作头绪依然使得他常常彻夜难眠。

刘勇亮（左）与导师周庆安

正当他想更换选题之时，一篇文献中引入的新理论彻底打开了他的思路。他迅速查找该理论的相关文献，抓取数据进行分析……经过几个月的努力和摸索，他终于完成了自己的第一篇学术论文，并获得了导师的肯定。

截至 2021 年 6 月，刘勇亮已经在 SSCI 一区刊物发表论文 1 篇，CSSCI 刊物发表论文 2 篇，中文核心等刊物发表论文 2 篇。短短两年半的科研训练，使得刘勇亮找到了自己热爱的学术志业。但同时，刘勇亮也坦言自己与学院的"学术大佬"们还有很大差距。"博士阶段还有几年的时间让我去努力，希望自己能够离'大佬'们近一点、再近一点！"

在社工中获得满足

除了实习、学业与科研，研究生阶段的刘勇亮还始终在社工领域奋战。研究生二年级，他曾担任学院的研团总支书记。在刚开始担任这项职务时，他也曾感到力不从心，多线程处理事务带给了他前所未有的挑战。

刘勇亮（左一）与学院研团成员

在 2021 年 5 月的一次论坛中，刘勇亮担任活动的组织者之一。为了办好这次会议，他已经和社工同学连续工作了数周。就在距离会议召开前一晚上，刘勇亮突然注意到会场里有很多电视屏幕无法打开，他不得已紧急联系了技术老师。会场的线路、开关、遥控等设备对于刘勇亮来说都十分陌生，他在老师的指导下一步一步调试，一直到晚上 12 点多才把几个电视屏幕都设置完成。第二天早上 6 点，刘勇亮又早早来到会场检查现场设备，确保了会议的万无一失。

刘勇亮与课题组导师、同学在一起

此外，刘勇亮还担任了学院的研工组副组长，为同学和学院服务。用他的话说，"这是一份需要细心和耐心才能做好的工作"。学院门口放着一台共享充电宝，是 2021 届研究生毕业生捐赠给学院的毕业礼物。为了确保同学们能够顺畅使用充电宝，刘勇亮和充电宝卖家建立了沟通群。有同学被多扣费了或借了充电宝忘记归还，刘勇亮都会一个一个帮助大家联系。他坦言自己做的很多工作不一定能被同学们看到，但只要这些努力能给大家带来一点点方便，就足以让他倍感幸福。

硕士研究生的生涯尾声将至，刘勇亮即将作为新闻学院博士新生入学，带着这样一个新的身份开启新阶段的生活。对于未来，他依然充满着好奇与期许，继续用"尝试"去拓宽人生的边界。

孙喆：
怀未来家国志，做力所能及事

孙喆，2019级信息艺术设计交叉学科硕士研究生，本科毕业于清华大学电子工程系。研究方向为人机自然交互、计算机视觉、情感计算和计算美学；曾参与多项学科交叉的科研项目。赴澳大利亚访学期间，曾开展新冠肺炎疫情数据梳理和可视化相关研究。此外，孙喆还担任清华大学电子工程系思想政治辅导员、网络辅导员、清华大学艺术团合唱队一队队员、"SEmotion"阿卡贝拉人声乐团成员；曾任清华大学学生阿卡贝拉清唱社学员部总监、勤工助学大队科技服务分队队员。

结缘交叉学科，探索未来可能

孙喆出生于一个科研之家，受父母影响，她少年时就表现出了对科研的浓厚兴趣。她在清华大学电子工程系完成了本科四年的学习，研究生时选择了由美术学院、计算机系、新闻学院联合创立的交叉学科硕士项目，师从徐迎庆教授。

"美术学院硕士生的生活与电子工程系非常不同。"她曾经这么评价自己的跨学科经历，"在交叉学科，永远会有新领域的知识等你去补充，会有有趣的人想要合作、有趣的跨学科项目想要探索。"在未来实验室，她不断地探索自己的边界、学科的边界，不断走出她的舒适区。

她所参与的"面向智能家居的多模态自然人机交互理论与方法研究"项目就是很典型的例子。随着人工智能、物联网等技术的发展，我们正从"信息社会"向"智能社会"转型。智能家居是一个学科高度交叉的综合研究方向，平台是其基础，数据是其核心，而交互是其关键。多模态自然人机交互理论与方法是家居智能化的核心之一，它依赖于大规模真实、有效的数据，而高质量的数据依赖于真实、高质量的实验平台。目前，学术界和工业界中类似的平台寥寥无几。孙喆同学作为初期骨干成员参与其中，两年多来，他们几乎从零开始，克服疫情的影响，搭建起国内外首个领先的、面向长时间人类生活与情感交流的、综合性的 PB 级数据智能家居实验平台。

除此之外，她也先后参与了多个交叉学科项目，如"面向视障群体的情感反馈装置设计与开发""柔性动态可形变服装设计"和"美妆自然交互体验设计研究"等，发表数篇学术论文，并在微软亚洲研究院实习过程中，获评"明日之星"。

关注社会现象，尽己微薄之力

"学术成果固然对研究生很重要，但我也希望做一些'有温度'的事情。"

2018 年，习近平总书记来到广东省连樟村考察，提出产业扶贫。连樟村建立了扶贫基地。孙喆同学参与到了"农产品分拣机器人"项目中，分拣线检测模块分为近红外模块、视觉模块，她独立完成了其中的视觉模块的开发。2021 年 9 月，他们在连樟村安装了团队所研发的西瓜品质自动分拣线，之后还将继续为更多果品种类建立分类模型。

研究团队在连樟村参观种植区（左一：孙喆）

2020 年 1 月至 3 月，孙喆同学被派往澳大利亚访学。新冠肺炎疫情暴发得突然，她与同行的同学也希望为抗击疫情做些什么。与导师协商后，他们将已进行一半的"医疗图像三维重建"课题更换为"疫情数据可视化研究"。二人合作完成了病例位置的可视化方案，创新性地在可视化界面中，整合了"病毒残留影响"的信息，以及全球病例发展情况的可视化方案设计。孙喆同学主要负责各类数据的爬取、清洗、信息提取与映射。

电子工程系的四年学习经历教会了她许多事情，其中，两任带班辅导员更是给予了她许多帮助。于是，她萌生了这样的想法："以后，我也希望成为一名辅导员，希望我的经历也可以帮助到学弟学妹。"孙喆回到电子工程系担任思想政治辅导员，在院系有需要时，又承担了网络辅导员的工作。一天夜里，一名同学因病急需手术，她推掉所有工作，赶去医院。凌晨一点多，手术顺利结束，她才放心离开。

孙喆同学也加入了勤工助学大队科技服务分队，希望她平时"对于电子设备的兴趣"能够变成"有用"的事情——帮助老师同学维修电子设备。尽管初入科技服务分队时，她还只有"兴趣"，是个连重装系统都不太懂的"小白"，但她通过不断地学习，把"兴趣"变成了"技术"，因工作认真，获评"勤工助学大队先进个人"。

科技服务队部分队员合影（右一：孙喆）

文艺体育两手抓，为祖国健康工作五十年

当提到唱歌的时候，她的双眼立刻亮了起来。孙喆同学用合唱队的标语形容唱歌带给她的感受："真是温暖人心呀！"她作为清华大学学生艺术团合唱队队员，活跃在校内各大演出的舞台，在110周年校庆晚会中参演了两个节目。2021年5月，孙喆随队参加全国第六届大学生艺术展演活动，清华大学合唱队的表演获甲组一等奖。

合唱队在全国第六届大学生艺术展演活动（第一排右三：孙喆）

此外，孙喆也被另一种歌唱形式深深吸引：阿卡贝拉。她作为"SEmotion"乐团的女高音，在过去的两年中演出十数场，曾受邀参演人民网的"美好中国"晚会，当晚，他们演唱的《等风来》冲上微博热搜。这学期，孙喆担任了阿卡贝拉社学员部的总监，她表示，希望让更多同学体会到阿卡贝拉的乐趣，也希望音乐能够帮助他们度过生活中的不顺。

人民网"美好中国"晚会线上直播（左一：孙喆）

孙喆同学是铁杆网球爱好者。研一刚开始时，她还不太会打，也找不到愿意陪她练习的同伴，就只好自己去网球场墙对墙练习；如今，她已经活跃在各个网球约球群中，且能够参加比赛了。好多双被磨平的鞋底见证了她日复一日的努力训练。

被磨平的网球鞋

研三上学期，她萌生了对武术的兴趣，加入了武术协会传统武术部。尽管此前并没有基础，但是她有她的"秘诀"：观察＋思考＋苦练。半个学期后，她凭努力获得了代表清华参加市级比赛的资格。一学期后，她入选成为清华大学武术队队员。

清华大学武术队赛后合影（第一排右一：孙喆）

师恩如山，向未来负重前行

提起导师，她忍不住笑了起来："我的导师徐迎庆教授，是一个非常有趣的人，爱做有趣的事情。"徐迎庆教授本人便是鲜明的"交叉学科教科书"：他本科专业为数学，研究生学了计算机，如今在美术学院教书。"当时选择交叉学科这个硕士项目，也是因为看到了徐老师的研究经历，觉得非常受鼓舞，自己想做的就是这样有趣，而且有意义的事情"，孙喆这样解释道。

与导师徐迎庆教授合影

在未来实验室，孙喆同学可以与来自四十多个不同专业的同学进行交流合作，这极大地拓宽了她的学科视野。她相信，学科交叉与融合将是通往未来的必经之路。未来，孙喆希望从事前沿交互研究，探索如何应用软硬件技术去帮助有需要的群体，使得科技走出"象牙塔"，融入普通人的生活，发挥出更温暖的价值。

刘梦旸：
争做全面发展的清华人

刘梦旸，清华大学计算机系 2017 级硕士生，师从刘奕群教授，研究方向为基于认知模型的搜索引擎性能评价，曾获"西贝尔学者"(Siebel scholar)称号。刘梦旸坚持全方面发展，他热爱音乐，曾在学校晚会和学术会议上为大家表演吉他弹唱；他热爱运动，每周坚持锻炼和健身，曾在清华大学研究生运动会上取得跳高项目第三名。

我和论文同一天生日

刘梦旸本科就读于清华大学基科班，由于开放式的培养体系，他有许多接触其他学科的机会。大三时当他第一次参加刘奕群老师研究组的组会讨论时，就被师兄师姐们研究的搜索引擎相关课题所深深吸引。他也了解到搜索引擎技术还存在很多不足，有些问题甚至关乎用户的生命安全。因此毕业选择推研方向时，他坚定地选择从事信息检索领域的研究，立志要尽自己所能为更多的人提供更好的搜索引擎等信息服务。

2017 年 11 月 1 日，是刘梦旸记忆中最深刻的一天，那是论文投稿截止的最后一天，他在实验室熬了一个通宵修改论文直到投稿截止的最后一刻，最终成功发表了人生中的第一篇国际会议论文。或许是冥冥之中与科研注定的缘分，那天恰好也是刘梦旸的生日，他认为这是他和科研的一种缘分，此后也要通过自身努力，不断加强这种"缘分"。

在研究的过程中，刘梦旸不满足于闭门造车，而是广泛地参与各类学术交流活动，他希望自己能成为一个有国际视野的清华人。在读研究生期间他曾多次赴新加坡、美国、法国等地参加学术会议交流以及学术访问活动，这些经历不仅让他对研究领域有了更深入的了解，更对他的综合素质产生了全方位的提升。他也鼓励身边的同学们一定要勇敢走出去，开阔自己的眼界，做有国际影响力的科研。

清华园里的歌手

刘梦旸常自嘲是一个"北漂歌手"。他喜欢独自背着吉他，去街头、地铁、鸟巢前唱歌，最爱林俊杰，也好民谣，李健、赵雷、宋冬野的歌时常会唱。朋友问刘梦旸为何总外出演唱，他说："换个身份和环境解压，同时也能丰富课余生活，遇见更多有趣的灵魂。"刘梦旸享受卸掉一切包袱后，在陌生人群前弹唱的感觉：偌大的北京，不知名的街头，没有了名校学子的压力和光环，自己仅仅是一个爱唱歌的歌手，在享受最纯粹的歌唱。

吉他伴着歌声，眼前行人往来散聚，有人驻足聆听，有人拍手叫好，有人低头蓦然想起了往事，还有人行色匆匆。若能用歌声打动他人，哪怕只有一人，也是莫大的满足。经常有同学对他说也想尝试街头演唱，但始终不敢走出第一步，刘梦旸总会鼓励他们勇敢地迈出那一步。他还半开玩笑地说道："街头演唱需要有勇气，需要脸皮厚，更需要有实力。"他"抱怨"自己这么一块发光的金子，为什么还没有被星探发掘——"好声音的节目组需要赶快联系我"，刘梦旸如是说道。

刘梦旸在美国举办的 KDD 会议上为学者们弹唱

全面发展、迎接挑战

"无体育，不清华。"作为一个典型的清华学子，刘梦旸也十分热爱运动，有着"为祖国健康工作五十年"的目标。他每周会去两到三次健身房，完成"痛并快乐着"的力量训练，"我现在也是拥有六块腹肌的男人"，刘梦旸笑着说。他平时酷爱游泳和打篮球，跳高也是他的强项。在他看来，只有具备充足的精力和体力，才能更好地投入到学业、科研与工作之中。

偶然看到宣传海报的刘梦旸还报名参加了"最强大脑"，并且在节目上有较好的表现，获得了媒体的报道。"最强大脑"也让刘梦旸圈了一波"粉"，收获了一些微博粉丝。但对他而言，参加这个节目的意义并不在于展示自己的实力，最重要的是向大家传递正能量，传递一种勇于拼搏的精神，他希望自己的行动能对中国青少年们的成长有一个正向的激励作用。"有志者立长志，无志者常立志"，这是刘梦旸的座右铭，他始终想要突破自己，迎接挑战，探索更多可能。

刘梦旸（左一）参加最强大脑节目的剧照

曾繁尘：
生活中的每一秒都重要

曾繁尘，新闻与传播学院2018级硕士生，"深耕计划"学员。曾任校团委紫荆传媒总编辑、首都高校传媒联盟主席、校自行车队队长。中国铁人三项业余一级运动员，多次获国内外铁人三项比赛分龄组冠、亚、季军。曾获校优秀学生干部、优秀共青团员、共青团中央"中国青年好网民"等荣誉。

新媒体：一个喜欢讲故事的人

曾繁尘的清华时光始终围绕着"新闻人"这个标签。

从本科四年在清新时报文化版，到首都高校传媒联盟的历练，再到"清华小五爷园"公众号负责人，曾经有朋友和他开玩笑："我们都是看着曾老师的推送长大的人。"

作为校内知名的"新媒体达人"，曾繁尘所负责的学生媒体，平均每个月就有至少一篇刷爆清华人朋友圈的作品面世。而他自己，也享受着创作过程的辛劳与愉悦。

过去两年里，他采访了形形色色的清华校园人，从学术新秀、校园歌手、志愿者、体育冠军、科创新星到园子

曾繁尘于新闻学院系馆

里容易被忽视的普通人——快递小哥、宿管阿姨、学院保安……他听过无数人的故事，更愿意想办法将这些故事讲得更加动人，讲给更多人听。

因此，他获评为共青团中央"中国青年好网民"，并受邀在全国高校新媒体提升论坛及十余所高校进行主题分享。

曾繁尘（前排中）与团队好友在清华大学校园网络文化节

在一次次聆听与讲述中，曾繁尘逐渐对"清华精神"有了自己的理解。清华人是什么样的？清华有没有让学生变得更好？带着这些思考，他作为招生志愿者，连续参与了两年清华招生宣传片《毕业答卷》和《从一到无穷大》的推送创作。其中，宣传片《从一到无穷大》播放量过千万，经十余家主流媒体、三百多个账号转发，引起全网广泛好评。

在清华大学校园网络文化节进行分享

"上大学能改变命运吗？做一名大学生意味着什么？这是我在影片里、在生活中曾无数次问过自己的问题，也是我想在未来继续寻找的答案。"

学术：在自己真正感兴趣的领域探索

多年的校园媒体实践经历，让曾繁尘对于在清华这个"大社区"中发生的一切充满兴趣，而这也最终成为了他的研究方向。

他发现，当人们置身于同一社区内时，公众进行的公共议题探讨，往往和非社区内的探讨，获得不同的讨论结果。因此他结合自己的新媒体实践经验，采用定性比较分析工具（QCA），对网络公共事件进行分析，探索社区传播中公共协商效果的影响因素和机制。

他将自己对于社区传播的研究结果整理成论文，并在新闻传播学界的顶级会议国际媒介与传播研究学会（IAMCR）上，以第一作者身份发表了其研究成果。

曾繁尘（后排左一）在 IAMCR 会议进行汇报

这是曾繁尘第一次在国际会议上进行汇报，而且是独自对自己的两篇文章进行分享。其中一场分论坛上，当他展示完自己对于法国难民政策的基于扎根理论的分析后，会场中一位法国的博士研究生学姐就针对其汇报内容进行了提问。

"当时心中瞬间一阵紧张，还好她提的问题我之前就有思考过，因此较好地表达了我对此的看法。会后她还私下表示我的研究给了她很多启示，让她重新思考自己国家的许多社会政策。"

关于学术研究，曾繁尘觉得自己还有太多需要提高的地方。但他唯一确定的就是，他所想要研究的，是自己真正感兴趣的领域，同时也是真正对社会有意义的、值得去探索的研究方向。

铁人三项：为什么不去拼一下呢？

除学生身份之外，曾繁尘还是一名业余铁人三项爱好者。

他的训练日从清晨六点开始。轻轻起床洗漱、换上骑行裤、把车架上骑行台，完成一小时力量间歇或者阈值训练，然后洗澡、吃早饭，一天的学习正式开始。

"这是我从其他高手那里学来的秘诀：清晨训练。你只需要比别人早起两三个小时，就能高质量完成当天的训练，而且神清气爽地迎接白天的工作。"

对于一个没有耐力训练基础的普通人，他进行着系统刻苦的训练。日复一日的东操场 10 公里和周末长距离，从室内骑行台到用车轮骑过妙峰山、东大高、昆玉河……每天在西湖游泳池或陈明游泳馆游满 1 小时近 2 公里。

2019 天津室内铁人三项赛

冬练三九、夏练三伏的训练换来了回报，曾繁尘的成绩越来越好，在北京国际铁人三项赛他拿到了第一个冠军；在中国铁人三项联赛总决赛中，他获得分龄组第五名，同时成为中国铁人三项业余一级运动员；来清华前不会骑车的他还担任了校自行车队队长，并成为清华校庆献礼片《自行》的主人公，与更多热爱骑车的同学一起努力进步。

2019 站台合影

很多朋友会夸他"很强"，但他觉得自己最多只是"很拼"。

"其实每次比赛前我都没有底气，因为我觉得有太多高手和我竞争。但我想，机会不是随时都有的，至少我来到了赛场，有了一个挑战别人的机会。我知道他们比我强，但现在这个机会就摆在我面前了，我为什么不去拼一下呢？"

曾繁尘在"Challenge Anhui 226km"超级铁人三项赛

生活中的每一秒都重要

如果说铁人三项教会了曾繁尘什么，那么除了勇于拼搏之外，就是每一秒都值得珍惜。

比赛中如此，精密计算每一个单项的耗时，没时间穿袜子、锁鞋提前绑到车子上。

生活中也是如此，学习、专业实践、训练、休息，要把时间分配到这么多件事情上，一天的时间就显得格外宝贵。

"我觉得作为业余爱好者，可以运动，但不能沉迷运动。运动会让人上瘾，但生活也是一场铁人三项，学习、社工、运动，都是要去平衡的。"

在训练和生活之间找到平衡点，这是一段永无止境的旅程。但至少目前，曾繁尘找到了一条平衡之道。而关于未来，不管做什么事情，他都已经打定主意，不把生命浪费在无意义的事情上，抓住每一秒钟，尽情体验生活带来的一切。

即使在世界上最折磨身心的运动中取得了胜利，他仍会把目光聚焦前方，望向更多他未曾尝试的领域。

"我还很年轻，我根本停不下来。"

曹越：
双肩挑，我的路和远方

  曹越，软件学院 2014 级直博生，师从王建民教授和龙明盛副教授，研究方向为机器学习与计算机视觉。到 2018 年 12 月为止，以学生第一作者身份在 CCF A 类会议或期刊中发表论文 10 篇，累计被引用次数超 900 次，并受邀成为人工智能领域顶级会议 / 期刊 CVPR、TPAMI 与 TNNLS 的审稿人。曾担任软件学院 2014 级本科生带班辅导员（连续四年）、软件学院党委学生工作组副组长，所带班级几乎囊括北京市和清华大学颁发的所有集体荣誉。曾荣获清华大学特等奖学金、微软学者奖学金（亚太地区每年十名）、国家奖学金（连续三年）等荣誉。

做有影响力的科研

  在曹越的博士生涯中，受导师影响，不向非顶级会议及期刊投稿、努力做有影响力的科研工作成为了他做科研的核心准则。

微软学者奖学金颁奖现场（中：曹越）

曹越的研究方向是机器学习与计算机视觉，其中主要聚焦于大规模多媒体数据的识别与检索。在大数据时代，多媒体数据是一种至关重要的数据类型，以其来源广泛、数据量大、数据维度高等特点著称，如何高效、高质量地识别与检索多媒体大数据一直是一个困难而且重要的问题。"对此问题的研究也与谷歌、百度、阿里巴巴等大型互联网公司的实际需求相符，例如图片识别与搜索引擎及个性化推荐系统中均使用了基于深度学习的识别与检索技术，而我们实现的研究突破将为解决相关实际问题提供理论与技术保证。"

针对图像识别中的迁移学习任务，曹越与导师创新性地提出深度适配网络方法，于 2015 年发表在机器学习顶级会议 ICML 中，为图像识别任务中具有不同分布的数据特征进行适配，降低训练与测试数据的特征差异，从而提高模型在测试数据中的识别效果。此方法成为深度迁移学习领域的里程碑之作，发表至今已在谷歌学术中被引用 500 余次，是机器学习领域顶级会议 ICML 近 5 年所有论文中被引用次数最多的 20 篇论文之一，在领域内备受关注。

基于先前研究工作，曹越主导开源了深度哈希学习算法库，为领域的前沿研究者们提供了深厚的研究基础，核心技术已在清华大学为中国气象局研发的新一代天气预报平台中落地，已部署于中央气象台及 28 个省级气象台，服务中国 2000 多个市县的天气预报业务，由此曹越连续两年获评"大数据系统软件'国家工程实验室'突出贡献一等奖"。

四年成长，时光无悔

如果说"做有影响力的科研"是曹越的学术之路，那么做一名带班辅导员就是他的诗和远方。"在我深感迷茫时，有人指引我人生方向；在我沉入低谷时，有人鼓励我坚持不懈。这个人就是我的辅导员，2014 年研究生特等奖学金获得者吴陈沭。"清华独有的这份具有传承意义的情怀让曹越坚定不移地为四年辅导员工作尽心尽力。

如果说高考是"千军万马过独木桥"，那么大学就是"条条大路通罗马"。在辅导员工作中，曹越以"立自主自强之志，行适才适用之路"为核心，注重引导同学们全面发展，鼓励同学们勇敢走出舒适区，去体验不一样的自己。

和学生工作组的老师和辅导员们在一起

在工作过程中，曹越也积极吸取其他辅导员的优秀经验，同时又对4字班工作有进一步针对性的创新，并在学风建设、科研科创、班级建设、党建工作和个人辅导等方面推行了一系列卓有成效的措施，取得了显著的成绩。最终，所带班级获得班级荣誉的大满贯，荣获北京市先进班集体、北京市先锋杯优秀团支部、清华大学毕业班先进集体、清华大学先进班集体等荣誉。

"天行健，君子以自强不息；地势坤，君子以厚德载物。"在成长为一名清华人的路上，曹越一直坚守着自己的责任心和事业心，脚踏实地做事，谦卑豁达为人，努力做有影响力的研究，与学生们共同成长，希望不负未来不负自己，令时光青春无悔。

（来源："清华小五爷园"公众号供稿）

蒋河川：
因为热爱，所以坚持

蒋河川，能动系 2016 级博士研究生。研究方向为超重力湍流、湍流传热，已累计在 *Science Advances*、*Physical Review Letters* 等国际顶级杂志上发表 5 篇学术论文。曾担任能动系 6 字班辅导员，在校期间荣获清华大学优秀博士毕业生、清华大学优秀博士学位论文、国家奖学金、"一二·九"辅导员奖、优秀学生干部、综合优秀奖等荣誉。

读博是一场创业

"欢迎加入课题组"，2015 年刚经历完保研面试，正在烤翅店大快朵颐的蒋河川接到导师孙超教授的电话，正式踏上了博士研究生学术之旅。

孙超教授是 2015 年引进回国的"千人计划"专家，在实验流体力学领域中颇负盛名。在保研后的第一次师生交流中，孙超教授向蒋河川分享了他的"dream box"（梦盒）——旋转超重力热湍流系统。该课题提出利用旋转产生的超强离心力代替重力，极大地增强湍流强度，是研究高雷诺数湍流的不二之选。蒋河川被该课题深深地吸引了，在和孙超教授商议之后，"博士课题"就此确立。

一场围绕旋转超重力热湍流系统的"创业之旅"拉开了序幕。

就像所有的创业故事一样，科研故事结尾都是那么美好，但个中艰辛，都隐藏在每一个数据中。蒋河川没有想到学术路上第一道拦路虎居然是原材料：实验中的对流系统需要用导热性优良的紫铜加工制作，并且为了保证其在高速旋转条件下的稳定性，方案要求用一整块紫铜车制而成，难点在于如何购买一块 600mm × 600mm ×

2015 年   2016 年

2017 年   2018 年

2015—2018 年科研过程

2015 年文献调研，机械设计、机电控制基础知识学习；

2016 年着手设计，设计方案反复论证，预加工；

2017 年实验台加工、搭建、调试；

2018 年首次正式运行，完成了第一组有效数据测量；

2019 年实验台改进；

2020 年基于该实验台第一篇学术论文发表在期刊 *Science Advances* 上。

200mm 的紫铜。加工师傅跑遍了材料厂也难以找到合适的材料，在与加工中心反复商议之后，决定采用热压合的技术，将多块紫铜板高温下压合成紫铜块以满足实验要求，最后虽然解决了问题，但实验进度也因此耽搁了好几个月。从高速旋转体系到实验室静止体系之间的信号、电流、物质传输也是该实验面临的直接难题，通过对国内外数十家滑环公司的调研，蒋河川选定了两家公司进行合作，和公司工程师共同设计了适合于该系统的滑环设备，以满足实验需要。

"功不唐捐终入海"，虽历经困难，但该课题研究取得了重大成果，填补了超重力热湍流领域的空白，研究成果发表在国际知名期刊 *Science Advances* 上，被审稿人评价为 "Original contribution"（独创性贡献），有助于增强对天体物理中星球内对流以及快速旋转机械中流动传热问题的理解。

"创业路"上最重要的首先是"活下去"。超重力驱动热湍流虽然是蒋河川在读研究生期间最重要的课题，但该项目周期长，成果产出晚。为了能够充分利用自己的时间精力，减轻自己的科研压力，蒋河川在该课题进行期间并行进行了非对称"费曼"棘齿表面结构对热湍流影响研究，将非对称费曼棘齿结构引入热对流系统，打破了系统的对称性，观察到由于对称破缺而产生的丰富流动传热机理，该研究成果为工业生产提供了流动控制以及增强传热的机会，同时也有助于理解海洋学、大气科学、地球物理学中的对流现象。目前该成果已分别发表在 *Physical Review Letters* 以及 *Journal of Fluid Mechanics* 上。

双肩挑，两促进

在读研究生期间，即使面对繁忙的学习科研工作，蒋河川仍然不忘记学习党的理论知识，曾经担任思教办组织的同心读书会经济组的组长，带领身边同学阅读相关典籍，夯实理论基础。同时，在学校、院系的组织下，多次前往延安梁家河、西柏坡等红色胜地学习感悟，铭记初心。为了在实践中巩固理论，他曾报名参加辅导员海外实践以切身感受美国社会，曾参加研究生骨干研修班，前往成都市龙泉驿区人社局挂职学习，以了解党政机关运转模式。这一次次充实宝贵的交流学习让蒋河川在担任能动系 6 字班辅导员时，思政工作如鱼得水、信手拈来。在班级组织的党课活动中，他能够高屋建瓴地分析时政热点，引导学生了解世界，感悟祖国，培养爱党爱国的精神。

党员骨干读书班赴延安梁家河学习活动

以真心换真情，做彼此的好朋友

作为辅导员，和学生打成一片，倾听学生的需求，才能更好地了解学生，帮助学生成长成才。为了更好地了解和科学地引导学生，蒋河川除了在日常生活中通过参加班级活动、走寝室串门、与同学们谈心等方式拉近与学生之间的距离，还开发了"健身局""跑步局"和"奶茶局"。蒋河川经常约学生一起跑步健身，通过跑步，解除学生对辅导员的防备，跑完后可以在轻松的氛围中和学生聊聊近况，帮助学生排忧解难。同时，也可以带动身体素质较差、体育成绩不好的同学一起增强体质，培育毅力，贯彻"为祖国至少健康工作五十年"的体育精神。

与同学们日常交流四年的带班辅导员生涯

在蒋河川与同学们的日常交流四年的带班辅导员生涯，蒋河川收获最多的是朋辈砥砺下的共同成长，忘不了的是与能动 6 字班同学们的相互陪伴。虽然带班辅导员工作已告一段落，但蒋河川又继续投身到了研究生学术发展支持的学生工作中去，本科辅导大家学习，研究生辅导大家做科研。博士毕业后，蒋河川胸怀能源报国的热情，加入中国华能集团清洁能源研究院投身"碳中和"的浪潮，希望继续在科技事业中发光发热，同时为同学们的职业发展探索方向。

因为热爱能源动力事业，因为热爱服务同学，所以蒋河川坚持在学术道路上勇敢前行，坚持做一名永不退休的辅导员！

张富瑜：
做"不怕苦，敢为先，讲团结，重贡献"的笃行者

张富瑜，金融学院 2019 级硕士生。曾担任学院研团总支书记、金硕 191 班党支部书记。曾获研究生国家奖学金、清华大学优秀学生干部、北京市优秀毕业生、北京市三好学生、本科生国家奖学金等荣誉或奖励。

学习实践：勤学苦读，知行合一

提及在五道口金融学院的学习生活，张富瑜觉得是"很累很辛苦，但是很充实很开心"。一方面，小组作业、课程论文、期末考试占据了自己绝大多数空余时间，刷夜学习和备考是生活的常态；另一方面，学院的课都是"金课"，老师们在讲课时不经意提到的一个事例或一篇文献，就能给人很多的启发，让自己收获汲取知识的快意。因此，他和同学们一样坚持踏踏实实、勤学苦读的学习态度，从不缺席课堂。

学院的底蕴和老师们的启发让张富瑜意识到金融是一门实践的学科，知行合一是他不懈追求的目标和方向。2020 年春季学期，张富瑜选修了廖理教授开设的"互联网金融发展与商业模式"课程，认识到疫情期间金融科技在助力经济恢复、破解中小企业融资和经营难题方面发挥的关键作用。据此，他结合课堂所学和 11 名同学共同发起"金融科技抗疫，助力复工复产"实践支队，把课堂所学用于解释和解决现实所困。通过翔实的案例研究、丰富的调研访谈和老师的悉心指导，实践支队成员们切身感受到金融科技在助力经济复苏方面发挥的巨大作用。在总结评优中，支队获得优秀指导教师、优秀支队、优秀实践个人三项奖励，得到了老师和同学们的一致肯定。

张富瑜在"投资银行实务"课堂

张富瑜（左二）在清华大学 2020 年暑期实践总结会上领奖

社会工作：服务同学，收获成长

社会工作贯穿了张富瑜整个大学生涯，也见证了他学习之余的全面成长。犹记得大一时，他知道自己既不懂摄影，又不会写策划，做 PPT、微信推送也不擅长，那就努力做好最具比较优势的工作——体力活。无论是郊游订车、采购零食，还是搬运"一二·九"合唱比赛要用的椅子和盒饭，张富瑜都会和几位同学冲到第一线，把这些杂活做好。在这个过程中，他也时刻学习作为班长应该具备的技能，努力使每次活动都给同学们留下美好回忆，得到了同学们的认可。在北京大学本科担任班长的四年里，张富瑜带领班级先后获评北京市优秀班集体、北京大学示范班集体、北京大学先进学风班等荣誉奖励。进入五道口金融学院后，张富瑜担任金硕 191 班的党支部书记。为了更好地服务同学、组织同学，张富瑜在每次开会或活动前，都至少提前半小时到场准备。通过精心筹划支部生活、认真听取同学意见、高效组织特色活动得到了大家的肯定，也大大提高了党员和积极分子们的参与热情。

张富瑜参观国家博物馆展览

在担任研团总支书记期间，张富瑜明显感受到仅靠责任感和热情不足以做好工作，需要更加注重工作方法的学习和调整，积极学习兄弟集体的经验，以更足的干劲去洞悉和回应同学们在思想引导、就业实践、志愿活动等方面的需求，为同学们的学业生活和职业发展贡献力量。

张富瑜（左二）在学院 2020 年迎新现场

课外生活：乐观开朗，热情分享

张富瑜是一个长期的乐观主义者，一直能以很好的心态克服日常压力。进入研究生阶段后，心理承压、"咬牙坚持"的场景比以往多了很多，但他探索出了运动、美食、谈心这三大减压方式，此外还有自己"独到"的减压途径——读老师们的专访、报道开学典礼和毕业典礼的致辞。老师们的谆谆教诲总能让他豁然开朗，如沐春风。当他处在求职的关键时期，一份份石沉大海的简历、一次次功亏一篑的面试让张富瑜非常焦虑。在这个时候，张富瑜读到了导师提及大学生活时的谆谆教诲："同学们现在有一种群体性的焦虑，但应注意培养合理的'得失观'。当你有所失时，希望你能够淡然面对，因为有可能它本就不属于你，古人云'厚德载物'，如果德的厚度不足以承载某一项东西，比如财富、地位或荣誉，那么失去它未必是坏事；而且，'有失必有得'，上天给你关上了一扇门，一定会为你打开一扇窗；更何况，常言道'莫为浮云遮望眼，风物长宜放眼量'，很多你年青时觉得天要塌下来的事情，十年二十年之后再回首，你会发现它实在不足挂齿、不值一提。"另外，五道口金融学院素来有"讲团结，重贡献"的优秀传统，师兄师姐们的帮助和指导也解决了他很多焦虑和迷茫。在有了一点心得之后，张富瑜下决心继续传递温暖和关怀，把自己在学习、实习、社工等方面的经验及失败的教训分享给新生同学，为大家提供可能的帮助。张富瑜于2018年5月创办了自己的个人公众号，以传播正能量、分享学习经验为宗旨，目前关注人数超过800，累计阅读量超过15000次。

除学习生活之外，张富瑜还对摄影情有独钟。"一二·九"合唱比赛期间，他主动报名担任联队的摄影工作。每次排练，他的相机都会准时就位，捕捉大家每一个微表情，也记录下整个联队从零到整，从无到有，一点一滴的进步。两个月下来，存下了将近20GB的照片，也帮助同学们记录下了独一无二的小院回忆。日常拍摄的工作比较简单，但拍完之后需要尽快修图并上传云盘。一些同学的精彩瞬间就即时发给同学本人。作为联队的摄影负责人，他觉得最有成就感的事情就是自己的照片出现在大家的朋友圈里，这是对他最大的肯定。

清华大学对于同学们"立大志、入主流、上大舞台、干大事业"的期待是鼓舞他不断进步的动力。张富瑜一直认为，只有把个人融入国家发展的大局中才能充分发挥自身优势。清华大学五道口金融学院在金融类院校中自成独树一帜的气派风格，无疑是实现这一抱负的最佳摇篮。回顾过去，他一直是"不怕苦，敢为先，讲团结，重贡献"的五道口传统的坚定笃信者；展望未来，他会继续在努力奋斗中砥砺前行。

陆洪磊：
少一点书生气，多一点泥土香

陆洪磊，新闻学院 2018 级博士研究生，英国牛津大学联合培养博士研究生。研究方向为新闻理论、新闻思想研究、文化研究，博士论文方向为"对范敬宜新闻思想的研究"。曾在《新闻与传播研究》《新闻大学》等期刊上发表论文多篇。曾任新闻学院党委学生工作组组长。曾获国家奖学金、清华大学林枫辅导员、清华大学优秀党建与思想政治工作者、"一二·九"辅导员等荣誉。

"我们这个时代需要什么样的新闻研究？"

"我们这个时代需要什么样的新闻研究？"这是陆洪磊经常思考的一个问题。

新闻学院已故的老院长范敬宜有一句名言"面向主流，培养高手"，这句话对他很受用，因为入主流、上大舞台是他一直以来的志向。

在陆洪磊的理解中，做新闻学术研究，同样也可以"面向主流，培养高手"。"长期以来，我们的新闻传播研究深受西方的影响。2016 年，随着中国特色哲学社会科学体系的提出，中国特色新闻学成为了我们学科内一个重要的学术方向。"在谈论到自己是如何找到研究方向时，陆洪磊说道，"在与导师和学界前辈交流的过程中，我逐渐明确想要将中国特色新闻学定为自己主要的研究方向，开始思考该为这个新的体系做些什么。我对经验研究和理论思辨非常感兴趣，希望未来以经验研究为主要研究路径，来创新新闻理论基础概念。"

到 2021 年年底，陆洪磊已在《新闻与传播研究》《新闻大学》《现代传播》《全球传媒学刊》等重要期刊上发表十余篇论文，同时积极参加国际学术会议和学术活动，在国际舞台上分享中国经验，讲述中国故事。

陆洪磊在国际学术会议上作论文汇报（左二）

陆洪磊也参与了国家公派联合培养博士生项目，跟随知名学者项飙在英国牛津大学学习一年。在疫情肆虐期间，他克服困难坚持不断写作和阅读，把疫情期间对国外媒体的观察写成了文章，发表在了人民日报主办的学术期刊《新闻战线》上。

"海外的学习经历让我更加迫切地感受到做出中国特色研究成果的必要性。"陆洪磊说，"西方媒体利用长期以来持有的话语霸权，用长达数十年时间给大多数没来过中国的人制造了中国的负面形象，以致所有关于中国的负面新闻都是理所应当，所有有利于中国的正面报道都被视为国家宣传，长此以往非常不利于我们国家在国际上的发展——现在是时候轮到我们去解决这一'挨骂'的局面了。"

陆洪磊与学校官微联动分享海外抗疫经历

"建设中国特色新闻学，不是平地起高楼，但也不是换汤不换药，而是要从概念、理论、方法、场景、范式等各个方面都对西方原有的体系提出反思和批判，在中国本土的具体情境中，以中国方法，用中国经验提出中国理论。"陆洪磊这样描述自己对中国特色新闻学的思考。而未来，他希望能够通过自己的研究继续为中国特色新闻学体系添砖加瓦，做出自己的贡献。

他们为什么叫你"陆妈妈"？

陆洪磊是新闻学院 2016 级本科生的带班辅导员。自大一新生军训开始，陆洪磊就被新闻 6 字班的同学们亲切地称为"陆妈妈"。

熟悉他的朋友忍不住问："他们为什么叫你'陆妈妈'？"

陆洪磊不好意思地笑笑说："可能是嫌我啰嗦吧。"

陆洪磊确实很"啰嗦"。作为辅导员，陆洪磊一直很重视与同学们的沟通和交流。在担任带班辅导员的几年中，陆洪磊总是会抓住各种机会，以各种形式与同学互动。无论是一对一的约饭约聊，还是班会和集体活动，陆洪磊总是能用他的专业能力为同学们提供各种指导和建议，用他细致入微的体贴关怀照顾着每一位同学。

在 6 字班大一下学期的时候，新闻 6 字班的韩瑞瑞同学作为女兵参军入伍。临走的那天清晨，她一下楼就发现陆洪磊带着一群同学"蹲守"门口——原来是为她送行来了，这让韩瑞瑞十分感动。2018 年，韩瑞瑞退役回到学校后，第一个找到的就是陆洪磊。她说，军营的生活令她成长了许多，然而回想起当时这一幕，她仍然觉得倍感温馨。类似这样的瞬间，几乎每一位新闻 6 字班的同学都能说出来几个。对他们来说，陆辅导员是迷茫时能够寻求帮助的良师，也是成长中砥砺前行的益友。

作为一名思想政治辅导员，陆洪磊还常常利用各种机会，展开与专业密切相关的思想教育。2018 年时，宪法的修改正成为网络上热议的焦点，各种言论和思潮此起彼伏。为了让同学们能够更加正确地看待这次修宪，时任新闻 6 字班党支部书记的陆洪磊特意在开学第一次党组织生活上设置了和修宪相关的话题讨论。针对网上对于此次修宪的舆论，陆洪磊提醒同学们作为新闻学子更应该树立良好的媒介素养，养成思辨的思维习惯，进而形成自己的价值认知。

为了这场党课，陆洪磊做了 5000 多字的阅读笔记，跟多位教授进行了交流，以确保不误人子弟。"思想问题可不是儿戏，要是说错了我的罪过可就大了！"陆洪磊如是说。敏锐地观察到同学们思想中存在的困惑，想办法去答疑解惑，这就是他平时组织党组织生活的常态。他带领的新闻 6 字班党支部也实现了党支部荣誉的大满贯，把学校里能拿的奖项几乎都拿了一遍。

陆洪磊与同学们送别入伍的韩瑞瑞

恰逢中华人民共和国成立 70 周年，陆洪磊带头报名参加群众游行方阵。在他的带动下，新闻 6 字班许多同学也参与到了这次游行当中。每当回忆起这次活动，参与游行的同学都会提到陆辅导员在训练期间经常与大家分享对时事的思考，让同学们在亲身参与的过程中切实体会到家国的意义。

参与专项活动的纪念章与证书

2020 年 6 月，新闻 6 字班要毕业了，正在牛津大学的陆洪磊因疫情原因无法回国，却仍牵挂着清华校园里对他来说最为重要的一群人——新闻 6 字班的同学们。对陆洪磊而言，新闻 6 字班带班辅导员已经成为他研究生生涯中无法割舍的身份。他把四年间与新闻 6 字班从初识到挥别的故事汇成了一篇文章，发布在新闻 6 字班的班级公众号上。那天，新闻 6 字班同学们的朋友圈很快就被这篇推送占领，那些诚挚的文字勾勒出他们无数的感动瞬间和难忘记忆，犹如他们本科生活的尾声里直击泪点的一颗子弹。

陆洪磊曾写下了这样一段话："回顾过去的时光，我真的打心底里感谢你们，你们改变了我，让我知道我可以如此影响和改变一些人，让我亲自体验了'责任'二字的分量有多重。"和学生们相互影响，共同成长，这正是陆洪磊研究生生涯的写照。

"离基层越近，离真理越近"

"范敬宜老院长有一句话，叫'离基层越近，离真理越近'，我非常喜欢这句话。"陆洪磊说，"我非常喜欢社会实践，最喜欢扎根到基层去的社会实践，它让我了解最真实的中国和世界。"

陆洪磊在浙江缙云乡村调研

在浙江农村开展田野调查

从 2012 年本科入学以来，陆洪磊一共参与了至少 20 次社会实践活动，累计实践天数超过 200 天，其中跟进"清田工作站"扶贫项目超过 7 年，几乎每年的寒暑假都会找机会去开展田野调研。"中国的农村是国情的窗口，不了解农村和农民，你就不敢说你了解中国。"

陆洪磊笑着说，他喜欢美食，但自己吃过最好吃的东西不是什么山珍海味，而是曾经某次下村时一位阿姨给他做的蛋炒饭。这是为什么呢？"那天我为了尽早赶到调研目的地，本来就没吃早饭，结果忙得连午饭也没顾得上吃，赶到住的地方已经晚上7点多了，饿得前胸贴后背之际，房东阿姨的一碗香喷喷的蛋炒饭'救了我的命'，那是我吃过最好吃的东西。"

除了社会实践外，陆洪磊在专业实践方面也有着丰富的经历。他在人民日报社实习过，发表过署名文章；也在杭州电视台一套新闻中心，跟随记者跑过一线新闻。在新媒体方面，他曾作为负责人运营过校媒"清华研读间"，做过阅读量达10多万的作品；也曾担任"创新工场"CEO部实习媒体编辑，运营过五千万粉丝的微博账号；最新的短视频领域当然也不容错过，他曾以课题的形式深入研究过"抖音"等短视频平台。

"我知道有体验才有发言权，不少做新闻研究的学者常被业界的新闻工作者吐槽不了解时势，这种现象确实存在。多去了解媒体本身，时刻了解第一线的新闻业态，对我的研究也有着长远的帮助。"陆洪磊这样说道。

"我觉得新闻是一个很独特的学科，它的实践性很强，政治性也很强，同时又很有时代意义，"陆洪磊说，"所以我会时刻提醒自己，无论是做人还是治学，都要'少一点书生气，多一点泥土香'，只有这样，我做出来的内容才能与历史对话，经得起时间的检验，才能不辜负这个时代。"

王泰华：
探寻"亚洲水塔"的变化
奥秘——"清华小五爷园"
主编的子刊之路

王泰华，水利系 2016 级博士研究生。研究方向为青藏高原冻土变化及其生态水文效应，在 *Science Advances*、*Journal of Hydrology* 等期刊发表论文多篇。曾担任微信公众平台"清华小五爷园"主编。曾获得国家奖学金、清华大学优秀学生干部标兵、清华大学宣传工作先进个人等奖励和荣誉。

走近完全陌生的高原冻土

2015 年，大四的王泰华加入了杨大文教授的课题组，开始了青藏高原冻土的相关研究。刚进组的时候，王泰华对冻土几乎毫无了解："虽然自己来自天寒地冻的黑龙江，但对冻土的确没有什么了解，青藏高原在我的印象里也非常遥远。"

完全陌生的研究领域，难以企及的世界屋脊，让刚一进组的王泰华感到十分茫然。而研究方向具有学科交叉的特征，又有很多不同学科的知识需要学习。

在导师的指导下，王泰华在冻土相关领域进行了大量的文献阅读。在他看来，读文献的过程就像和不同的作者对话，这个过程十分吸引人。"你会感觉读有些文献，就像是作者在向你娓娓道来一个有趣的故事。"

刚刚接触科研，王泰华对于数据处理方法还不太不熟悉。"有一段时间感觉特别绝望，觉得自己什么都不会，连 MATLAB 都不会用。特别感谢师兄手把手的帮助，带我入门，把我带进了学术的世界。"

2018 年暑假，怀着去青藏高原多走一走、看一看的目的，王泰华主动选择了去青海大学完成博士生暑期实践。借着实践的空隙，他和小伙伴们一起探访了青海湖、黄河源、长江源等地，从格尔木沿着国道 109 向南自驾，来到可可西里、沱沱河等地。"这种感觉真的很神奇，你会发现自己在文献中看到的地名突然出现在眼前，好像活起来了。"

从戈壁到草地，眺望远处的雪山，触摸脚下的冻土。在这里，能体会到自然的辽阔与人类的渺小，也能最直接感受到气候变化的影响。

"我们沿途能看到很多热融滑塌的现象，也看到了有很多老鼠的黑土滩。和导师一起去贡嘎山考察的时候，我们也见到了冰川的退缩。这些见闻也都让我思考，怎么能更好地理解气候变化对青藏高原的影响，更好地守护我们的'亚洲水塔'。"

青海大学暑期实践期间拍摄于国道 109 沿线

探寻世界屋脊，引领学术高点

"青藏高原是亚洲许多重要的大江大河的发源地，为中下游数以亿计的人口提供了水资源。在气候变化的背景下，青藏高原的冻土如何变化，这些变化会如何影响水资源和生态系统，是非常有意思、也非常具有现实意义的科学问题。"

找到科学问题只是万里长征第一步，开展研究还需要找到研究思路和研究方法，而保持经常阅读文献、关注学术前沿的习惯就显得十分重要。"ResearchGate 等网站都很有意思，休息的时候可以当作朋友圈随时刷一刷。"

在阅读文献以外，学术报告也给他带来了很多启发。有些看似不相关的研究，在思路和方法上也有许多值得借鉴的地方。"导师也经常鼓励我们多去听学术报告，不要闭门造车。"

课题组参加美国地球物理学联合会（AGU）年会合影（右三：王泰华）

2019 年年末，王泰华前往美国劳伦斯伯克利实验室进行交流访问。突如其来的疫情打乱了之前的研究计划，实验室关闭并没有阻止他的研究步伐，而是给了他一个静下心来"啃硬骨头"的契机。

"其实我之前特别害怕改模型，因为我们的模型有几千行代码，一旦出现 bug（漏洞）很难找到原因，所以一直有一点逃避情绪。"而这次因为疫情被迫待在家里，反而为他提供了一个很好的研究模型的机会："平时很少有大段连续的时间研究模型，这次终于静下心来好好研究代码，学累了的时候，就自己做菜调整一下心情。"

随着研究的深入，在冻土水文相关研究的基础上，他又将研究方向瞄准了冻土碳："冻土碳对气候变化的响应是一个很重要的科学问题，这些碳的融化可能会释放更多温室气体，而温室气体反过来会促进升温，加速冻土融化，形成正反馈。"

2020 年年初，王泰华关于冻土碳的相关成果发表在了 *Science Advances* 上，并作为当期的四篇精选论文之一，该期刊在网页进行了特别推荐。在他看来，自己研究的心得在于"瞄准关键科学问题，结合最新的观测数据，讲好青藏高原的故事"。

发表在 *Science Advances* 的成果在网页得到特别推荐

做公众号和做学术，也可以相辅相成

研究之余，王泰华也参与了微信公众平台"清华小五爷园"的运营，曾经担任小五爷园的主编。"其实在本科入学的时候，我就加入了当时的学通社，见证了从报纸、人人网再到微信平台的转变，也算是陪伴了'清华小五爷园'的成长。"

做公众号和做学术，看似毫不相关，其实也可以相辅相成。

在读本科时，作为学生记者的王泰华也采访报道了许多本科生特等奖学金得主。"我不希望用一种仰望的态度去采访，而是希望能做到不卑不亢，尽量平视。所以我会在采访前去阅读他们的论文，了解他们的研究领域，这样才能和对方谈笑风生。"

让王泰华印象最深刻的一次采访，一位特等奖学金得主把他带到了自己的宿舍，在宿舍的白板上推导公式。"当时确实很震撼，我在想大概这就是真正的热爱吧。"也正是这段记者经历，在他的内心播下了一颗学术的种子。

作为记者曾经撰写的部分特等奖学金得主稿件

到了博士研究生阶段，他在"清华小五爷园"的身份也变为副主编、主编。"我们在讨论每一个新选题之前，都要进行'文献综述'，充分阅读校内外公众号围绕某一话题此前所撰写的文章，确定我们的采写角度和'创新点'，而这种找选题的经验其实也可以应用到学术当中。"

在公众号，自己需要从编辑的角度思考推送如何修改、是否能够发送，而这种换位思考对学术写作也大有裨益。

博一那年，在第一篇文章投稿之后，经过 6 个月漫长的等待，最终却等到了编辑拒稿的意见。在短暂的沮丧之后，他意识到："既然我可以帮助学生记者让他们被'毙掉'的稿件'死而复生'，那为什么不可以让自己被拒稿的文章重新发表呢？"

在体会到了公众号推送流程和期刊审稿流程这种微妙的相似性之后，他静下心来，仔细体会审稿人和编辑的意见，针对性地进行修改，使之更加契合期刊的定位。重投之后，这篇文章也很快得到了接收。

尽管现在已经不再参与运营微信公众平台，但在王泰华看来，这段公众号的经历为他的学术增添了许多动力："这段经历让我时刻保持对未知领域的好奇，也带给了我讲故事的热情。这份永无止境的好奇心和讲故事的热情，也正是科研所需要的。"

作为"清华小五爷园"负责人之一在清华大学第二届校园网络文化节领奖（右一：王泰华）

修新羽：
文科生的野心

修新羽，人文学院2016级硕士生，师从刘东教授，研究方向为美学。硕士期间发表小说23篇（20余万字），其中在中文核心期刊发表6篇，在北大中文核心期刊发表13篇。小说《告别亚当》英文版发表于美国顶尖科幻杂志《克拉克世界》。剧本《奔》获第四届老舍青年戏剧文学奖。曾四度入选广电总局"扶持青年优秀电影剧作计划"。

修新羽本科就读于清华哲学系，哲学背景给她带来了丰富的写作灵感："哲学家一行字的内容放到尘世间，就要用几百年去斗争去展现。"

技术不完善导致的残疾克隆人该找谁负责？对"人性"的定义更应当侧重"智能"还是"情感"？从某种程度上来说，哲学与科幻都是在进行思想实验，修新羽用这些实验来替自己解决困惑。

读研期间，修新羽担任了清华"星火计划"的带班辅导员。频繁的学术讨论与产业调研，让她的科幻视角不集中于那些老生常谈的"载人飞船""智能AI""星际移民"，而聚焦于那些具体的科研进展。

"身边有人在优化电池储能，有人在改进图像识别，有人在做管道运输，有人在研究某种化学分子的结构。在整个科学版图上，这是一块很小的拼图，但他们努力做出来了，就可能彻底改变我们的生活。"修新羽说，"作为文科生，我的野心是，不仅知道周围的工科生们在做什么，想做什么，未来能做什么，还要在他们真正做出之前就替大家想到这件事会带来哪些社会变化和伦理问题，用作品去加以展现，加以预言。"

修新羽（右二）参加 2017 年科幻水滴奖颁奖典礼

像读文献那样读小说

从 2011 年发表第一篇作品开始，修新羽每天都会"像读文献那样读小说"，研究叙事结构和文字风格。在她看来，写作者心里要有一张网，能够在新鲜信息与原有信息之间迅速建立联系、归类、总结，碰撞出灵感。

构思关于牛郎织女的小说时，她看完了知网上所有相关文献。"还想办法把它和自己的课业结合到一起。比如女性主义哲学课上，我提交的论文是以织女为例讨论

修新羽参加学术会议

女性地位在神话中的演变。比较诗学课程上，研究日本诗歌中的牛郎织女传说。后来我甚至还写了一篇关于牛郎织女中人与动物关系的论文，以美学方向研究生的身份，去参加了动物伦理学方向的学术会议。对我而言，不存在没时间写小说的问题，写作是我生活的重心。坦白一点儿说，其实写作是我人生的重心。"

写作成为她娱乐、思考、记录的方式。

冬天的时候，"雪花被攒在树叶上，风一过就落一阵。"冬去春来，"没有日光的时候风也不冷，被吹的时候不再缩头缩脑，整个人都磊落起来。在这样的季节，你会觉得世界是安全的，充满希望。你会觉得不可能有什么欺骗或伤害的事情发生，即便发生，也不会发生在这样微风和煦、草色微茫的季节。"

"我写得很温柔，说明在去年春天我的生活很温柔。"

"再回头看的时候有趣极了，仿佛是在用自己的作品标记世界。"

兴哀无情之地

长时间的写作训练，让她拥有了敏锐的观察力，以及越发细腻的性格。有时候，受小说情节构思所要求，修新羽必须努力回忆那些生活中的痛苦，花费一整个白天来酝酿，看看书、刷刷豆瓣，晚上熄灯后，再抱着电脑边哭边写。

修新羽很喜欢陆机《吊魏武帝文》中"伤心百年之际，兴哀无情之地"一句。"我觉得我这种人是自古存在的，比如'念天地之悠悠，独怆然而涕下'，你不知道那一瞬间他究竟想到了什么，他就是站在那里哭了起来……早晚有一天，你会读懂他，对不对？写小说也是这样，给了我渠道去解释，去尝试获得理解。"

生活中的情绪万分微妙，瞬息之间就会有痛苦，有尴尬，有侥幸。修新羽希望，自己的小说能像罐子一样，将那些复杂情绪全都装入。"当我把罐子递出去的时候，别人可以感受到它的温度，对我而言就足够了。"

第三只眼睛

在修新羽看来，写作时"必须有一只眼睛自我观照，从自己身上看到人类的共性，看到我的伪善、我的迟疑、我的占有欲、我的虚荣。我必须对自己坦诚。"

或许是出于这种种反省，在小说《李华》中，镜像一般，她塑造出"成绩差的好孩子"李华，他重情重义，诚实勇敢，却因为成绩问题而被老师嘲讽，被同学疏远。小说《平安》里成绩优异又生活压抑的陈平安，则"从来都比身边的其他人更聪明，从来不指望得到什么真正的理解。成摞成摞把奖状拿回家，留下原件和复印件，随时准备着证明自己的优异。"

写作态度虽然严肃，写作形式却可以多元。她写科幻，写纯文学，写诗，写话剧剧本和影视剧本，写新闻报道，写人物访谈，把各种体裁的写作当成一个个副本去解锁通关。

"写作给我的嘉奖太多了，可以说事半功倍。我一共只写了两部话剧剧本，一部演出过两轮了，另一部还拿了奖。我有时就会觉得很惶恐，一方面觉得自己或许是有天分的，另一方面觉得自己要承担起更大的责任。"

修新羽话剧作品《奔》演出照片

和发表后就成为定局的小说不同，话剧每一轮每一场的呈现都有差异，剧本也需要根据调度来不断修改打磨。2018 年 12 月 1 日在蓬蒿剧场演出的话剧《奔》，她前后推倒重写过两三遍，剧本像是有了生命，在她笔下不断生长。

"之前也和许多写小说的朋友交流过，有些时候我会觉得不是我们选择了写作，而是写作选择了我们。"

（来源："清华小五爷园"公众号供稿）

王翔宇：
坚守匠心，助力汽车强国梦

王翔宇，2011年考入清华大学汽车工程系（现为车辆与运载学院），2015年免试攻读清华大学机械工程博士学位，师从李亮教授，研究混合动力汽车复杂机电系统设计与控制。获得国家科技进步二等奖一项、省部级一等奖两项；获得2017年、2019年博士生国家奖学金和2017年"一二·九"辅导员奖等荣誉及奖励。坚守匠心，脚踏实地，王翔宇立志为做强中国汽车工业努力奉献自己的绵薄之力。

脚踏实地，专注攻关

混合动力技术是汽车节能减排的重要途径，也是我国汽车工业发展的重大战略目标。然而，我国混合动力汽车（HEV）核心技术的发展长期面临着国外专利与技术封锁的困境。突破HEV技术自主，一直是清华汽车人的梦想与责任。早期在我国曾出现过多种混合动力技术路线，而王翔宇所在的团队选择了基于机械自动变速箱的方案，这是一种优势显著但实现难度非常大的路线。因此曾有权威专家在公开场合论断，采用机械变速箱自动化是做不出混合动力系统的，并拒绝支持他们申请的国家项目。但他们坚信自己的选择，整个团队数年如一日地专注攻关。王翔宇作为团

王翔宇和其研发的技术应用车型东风猛士军车

队的一员，也立志要破解 HEV 技术创新的黑箱，打通从学术创新到产品创新的通道。

王翔宇自大二暑假开始，在系里因材施教计划的支持下，加入了李亮教授团队的混合动力技术攻关小组。大三、大四期间，他在师兄的带领下，画过板子，调过程序，设计过三维结构，亲手搭建了实验平台、调试过实验车，任劳任怨地做着自己力所能及的工作，甚至还有很多在别人看来都是"搬砖""跑腿"的杂活儿，王翔宇都乐此不疲。正是这看似毫无成果的两年时间，让王翔宇初探科研门径，大量的工程训练奠定了他扎实的科研基本功。

从博一开始，王翔宇就在导师李亮教授的指导下，瞄准行业"卡脖子"难题——混合动力汽车复杂机电系统的设计与控制，将其作为自己读博期间的研究方向，持续专注攻关。这一方向属于比较传统的机械动力学领域，也是大家普遍认为比较难出成果的方向。但是由于本科两年的科研训练，王翔宇对于工程问题具有了深入的认识，因此他读博期间的研究目标都是解决从实际工程中提炼出来的科学问题与技术难题。有了目标之后，王翔宇动力十足，博一期间，他除了上课几乎所有的时间都投入到实验室的研究中。功夫不负有心人，在不断的尝试、探索、验证中，王翔宇在 HEV 的核心部件——电控机械自动变速箱（E-AMT）方面取得了积极的研究进展，博一就撰写了 4 篇英文学术论文，这种工程与学术相结合的研究成果也得到机械领域同行的认可。

读博期间，王翔宇始终保持着高昂的研究热情，不满足于"996"，他长期保持着朝九晚十、每周 6 ~ 7 天的科研时间。博三的暑假，王翔宇主动负责一个商用车混合动力系统测试平台的横向课题，带领 10 人左右的团队，在合作方的场地上连续奋战 70 多天，成功完成了平台的搭建与调试。由于时间紧、任务重，王翔宇既负责平台的总体设计，又带头作为一线施工人员；时值酷夏，施工地点没有空调，中午气温高达 40℃；到了晚上才稍微凉快一些，工作效率高，因此王翔宇几乎每天晚上都工作到零点之后。

凭借着这种吃苦耐劳、永不言弃的精神，王翔宇为商用车混合动力系统的设计研发做出了重要技术贡献：提出了耗散功率最小化的学术思想，为混合动力系统的整体优化提供了新的思路；设计了驱制动协同的控制架构，解决了 HEV 多子系统动态调控难题；研发了 E-AMT 执行机构和线控制动系统的比例继动阀两个关键部件，保证了产品的可靠性和安全性。研究成果支撑了我国商用车混合动力技术的自主产业化，打破了国外的垄断，应用到东风、北汽福田、中通等 10 万余辆商用车上，成为我国新能源商用车的标志性成果之一，王翔宇获得了 2019 年国家科技进步二等奖。王翔宇认为一流的科研不在乎形式，而在乎能否解决实际的问题，坚持工匠精神，将研究做到极致，把技术做成产品。

机械自动变速式并联混合动力机电系统总成

团队协作，共同进步

当今汽车工业技术链条长、协作难度大，王翔宇在科研过程中，深刻认识到单兵作战的能力有限，必须依靠团队的力量才能做出更好的成果。于是，王翔宇从博一开始，就在导师的支持下，担任攻关小组负责人，至今小组成员已有 20 余人。王翔宇多年来一直秉承厚德载物、开放分享的协作思路，每周组织团队开展学术交流，指导小组成员撰写论文与专利，协助导师组建起一支高素质的科研队伍。

同时，坚持着"工欲善其事，必先利其器"的思路，王翔宇多年以来带领着小组成员共同研制了混合动力机电系统、线控制动系统、自动变速箱测试系统、四轮分布式智能车平台等设备，成为了技术创新与理论验证的关键实验平台。凭借先进的实验平台，王翔宇的课题研究速度有了质的飞跃，每当有了新的想法和思路，都可以在平台上迅速得到验证，极大缩短了研究的迭代周期。而整个小组围绕实验平台，互帮互助，都能迅速找到研究方向并进行实验验证。5 年来，小组成员累计发表 30 余篇论文，申请国家发明专利 20 余项，完成多个横向课题。

王翔宇带头搭建的实验平台

社工服务，又红又专

在清华"又红又专"的育人理念下，王翔宇在院系里先后担任了两年科技辅导员、一年学生组副组长（代理组长工作）。作为创办人之一，组织了第一、第二届"芯动计划"科技冬令营，为期 7 天，面向全校理工科新生，两届活动报名近千人，最终参与 400 余人，并吸引了清华附中、人大附中等中学参与；组织同学参与了清华大学第 35 届"挑战杯"，获得了总体第二名的好成绩。

王翔宇组织"芯动计划"活动

2017 年 9 月，王翔宇受清华大学学生学习与发展指导中心邀请，成为乐学工作坊讲师，开设了"工科学术论文写作技巧"系列工作坊，面向高年级本科生和低年级研究生，分享自己的论文写作经验。目前已开设了 20 余次工作坊讲座，听课同学超过 400 人次。课后他将所有 PPT 都分享给了同学们，希望帮助更多的人提高论文写作能力。

回首过去，清华八年多的培养与课题组六年多的历练，给予了王翔宇科技报国的理想与脚踏实地的性格。展望未来，汽车新能源与智能网联技术，正给行业带来颠覆性的变革，清华汽车人理当有所作为。面壁十年图破壁，王翔宇将继续坚守匠心、砥砺前行！

王翔宇担任乐学工作坊讲师讲授"工科学术论文写作技巧"

研路逐梦篇

"不积跬步，无以至千里。"本篇中的学子，他们为逐所爱、甘愿萤火，践行清华人的奉献与担当，如三思方举步、百折不回头的乔畅同学。他们脚踏实地、甘之如饴，为学科发展贡献力量，如致力于在"南极盖茅草棚"的高昕宇同学。他们全面发展，用爱好助力科研，让研路风景美得更盛，如马拉松爱好者王哲同学……

作为一名研究生，追求科学真理、探索事物本质、淬炼精神品格往往是深耕年华里的奋斗目标。"累并快乐着"是他们的底色，"享受并战斗着"是他们的风采。逐梦道路上，他们从来不缺乏开始的动力，难能可贵的是一往无前的信念和坚忍不拔的意志。逐梦道路上，最大的收获不是几篇文章、几个头衔，更为不易的是在失败、迷茫与重复之时的坦然与山回路转、柳暗花明之时的淡然。逐梦的道路上，他们勇往直前，行稳致远……"研路逐梦"篇中的学子就是其中的杰出代表。

乔畅：
理学思维融合工科实践，
交叉领域践行原始创新

乔畅，自动化系 2017 级直博生，师从戴琼海教授，研究方向为超分辨率光学显微成像，曾以第一作者在 *Nature Methods* 等期刊发表论文，致力于研发超高时空分辨率的先进成像技术，以突破衍射极限的活体成像分辨率探索细胞生物学、脑科学的奥秘。曾担任清华大学学生科协主席，曾获得研究生国家奖学金、清华大学未来学者奖学金、全国大学生创业大赛计划赛银奖等荣誉。

厚积薄发，攻坚交叉学科前沿难题

大四时，乔畅曾获得清华大学本科生特等奖学金，本科毕业之后，他响应国家号召，毫不犹豫地选择本校直博，师从戴琼海教授开展超分辨率光学显微成像这一前沿交叉学科的研究。

超分辨率光学显微成像技术能突破光学衍射极限、以小于 100 纳米的空间分辨率观测活体细胞的动态过程，是研究脑科学、细胞生物学等问题的重要工具。但现有超分辨率方法在提升空间分辨率的同时牺牲了成像速度和时程，难以同时实现高精度、长时程的观测，从而阻碍了对癌细胞分裂、细胞贴壁生长等精细生命过程的深入研究。突破超分辨率成像的时空带宽积限制成为领域内公认的难题。在导师的引导和鼓励下，乔畅从博一开始，就对这个问题发起了攻坚。

"超分辨率显微成像是一个信息技术、物理光学、生命科学相交叉的领域，我本科是自动化系，光学和生物学基础比较薄弱，所以一开始的时候很头疼，遇到了很多困难。"搭建成像光路时，各种型号的光学器件让他眼花缭乱；阅读生命科学类的文章时，各种药物、试剂缩写很容易混淆，一篇文章他往往要读好几天。

"戴老师经常提醒我们，从事交叉学科的研究一定要与不同学科的学者交流。所以在遇到困难的时候，我就尝试着去联系精仪系的老师请教光学方面的知识，也曾前往中科院生物物理所开展光学和生物实验的讨论、合作。"除此之外，乔畅要求自己每周的科研时间要

乔畅在实验室光学间

超过 80 小时，每天至少阅读两篇光学和生物学方面的论文，在两年如一日的坚持下，他终于逐渐跨入了学科交叉这道门槛。

这时，又一个难题出现了。要想提高超分辨率成像的速度和时程，需要降低激光器功率或相机曝光时间，这进而会导致超分辨率重建算法失败，形成了一个看似无解的闭环。乔畅尝试用自己擅长的卷积神经网络来解决问题，却发现训练好的模型总会将数据的光学调制信息丢失，导致重建不理想，他前前后后尝试了 30 多种不同的网络架构，结果都没有改善。

此时乔畅已经到了读博第三年，身边的同学纷纷发表了论文，但他的成果却十分有限。"那段时间其实我很苦闷，但在导师的认可和鼓励下，我坚信自己的研究方向是正确的，也相信这一研究的价值，所以我努力把自己的注意力集中在研究本身，不要胡思乱想。"为了解决超分辨率重建的问题，他积极和实验室的老师同学交流、与不同学科的学者探讨，终于在一次与中科院生物物理所研究员李栋老师的讨论中受到启发：既然传统架构会丢失光学调制信息，那是否可以用网络建模光学成像模型，将调制信息作为先验利用起来呢？他立刻尝试了这个想法，结果真的奏效了！在此之后，他带着合作团队像打了鸡血一样开始做实验、采数据、优化网络模型，一年内采集和处理的数据超过 100 TB，数据量相当于 5 万部电影。

终于，在读博的第四年，乔畅与合作者们一起成功将超分辨率的成像时程由分钟提升到小时量级，真正实现了对癌细胞分裂、细胞贴壁生长等生命过程的高精度、长时程活体观测。

他将这些研究成果总结成两篇文章，其中之一已经发表在国际顶级期刊 *Nature*

超分辨率光学显微成像示意图

Methods 上，被超分辨率光学成像奠基人之一 Hari Shroff 评价为"实现了当前最领先的结构光超分辨率成像性能"。在这篇文章中，乔畅与合作者们建立了国际首个超分辨率生物结构成像数据集，这一数据集在 8 个月内被下载 22000 余次，被各国研究人员用来研发新的成像算法和技术，推动超分辨率成像领域的发展。

在这篇文章发表之后，乔畅仿佛打开了科研的大门，他将长时程超分辨率成像技术从二维扩展到三维，从单色拓展到多色，后续文章也陆续发表。基于这些研究，他还申请了 4 项发明专利，并致力于技术落地，让先进的成像方法可以被更多学者使用，去探究生命科学的奥秘。

愿为萤火，践行清华人奉献与担当

作为一名博士生，乔畅深耕于学科前沿难题；作为"厚德载物，勇于担当"的清华人，他也愿为萤火，发一点光。

本科时期，乔畅曾作为自动化系学生会主席、校团委组织部骨干培训组组长为园子里的同学们服务。他曾负责组织院系"马·约翰杯"（简称"马杯"）训练和比赛，与自动化系的体育健儿们一起取得"马杯"全满贯的佳绩；也曾精心策划和筹备学生社工骨干培训课程，帮助同学们提高社工技能。

服务与奉献过程中，乔畅也收获了同学们的信任。2016 年，他被选为所在选区唯一一名学生身份的海淀区人大代表。当选之后，他不忘同学们的信任与肩负的责任，积极参政议政、依法履职，曾 4 次作为海淀区人代会选举监票人监督和行使民主权利；他曾提出《关于海淀区外卖行业食品安全问题的建议》，走访校园周边 14 个美食城，取缔 4 家非法经营单位；也曾建议改进校园附近交通信号灯，默默为老师和同学们的生活安全保驾护航。

在读博二年级时，他当选校学生科协主席。为了助力校园科创，他曾带领科协

乔畅在海淀区人代会现场

乔畅在"三创"博览会上做报告

系统的同学们举办"挑战杯"竞赛、学术研究推进论坛、"三创"博览会等 24 场大型科创活动，覆盖上万人次；带领各院系同学前往日本进行产业调研，与日本企业、高校搭建起合作的桥梁；也曾推动赛事评级和赛课结合，改革和完善了校内科创赛事体系。

当被问及坚持社工服务的原因时，乔畅说："在校园里学习、成长的八年多时间里，我受到过系里、学校许多老师和同学的帮助，我非常感激，所以也希望能尽一份力为身边的同学们做一点事情。"

青春不设限，在校园里探索多种可能

除科研与社工之外，实践、文艺、科创、体育各个方面都有乔畅的足迹。他曾前往内蒙古、贵州、四川参加社会实践，曾报名歌赛、登上大礼堂的舞台一展歌喉，也曾组队参加各种科创赛事、拓展科创技能。在校期间，乔畅积极响应"为祖国至少健康工作 50 年"的号召，坚持体育锻炼，作为运动员，他连续 9 年参加"马杯"毽绳运动会，在 8 个不同项目中拿到过 10 多块金、银、铜牌；作为校 C 类队跳绳队队长，他连续 4 年带队参加首都高校跳绳比赛，曾取得北京市团体第三名的好成绩，为校争光。

"其实相比于拿到成绩，我更享受坚持一项运动带来的昂扬奋进的体验"，在清华园读书的 8 年多时光里，乔畅三思方举步、百折不回头，他用了 4 年时间突破超分辨率成像中时空带宽积的壁垒；用 8 年时间践行"自强不息、厚德载物"的坚持和奉献。回顾自己在清华校园里的学习生活经历，乔畅分享总结道："自动化系一直以来所传承的紫冬精神的核心是战斗、奉献、自省。我很喜欢和认可这三个词语，在我的理解中，战斗是说我们在生活、事业中要有努力奋斗的态度，不畏挫折；奉献告诉我们要懂得感恩；而自省则告诫我们应保持本心、戒骄戒躁。在未来，我也希望自己能以此自勉，在科研中保持严谨、求实的态度，将理学思维融入工科实践，继续在交叉领域探索原始创新；在生活中也要懂得感恩、乐于奉献，与身边的人共同进步和成长。"

李浩然：
梦想与热爱永不结冰

李浩然，航天航空学院（以下简称"航院"）2017级直博生。师从陈海昕教授，主要研究飞行器设计、计算流体力学、飞机结冰。研究生期间获得国家奖学金两次，获得亚洲顶尖大学联盟工科会议最佳报告、航院研究生论坛一等奖两次，被授予"优秀研究生党建与思想政治工作者"、70周年国庆活动校级先进个人等称号。

读博期间，李浩然在陈海昕教授、张宇飞副教授的指导下，参与了国产大型客机的结冰性能研究工作，提出并完成了机翼容冰优化设计。中国商飞对他的工作给予高度评价："基于该方法的不同翼型对不同冰型特征的敏感性分析结果，为我院提出'大型客机适航取证用临界冰型判定原则'提供依据，目前该原则已经获得中国民航局批准。"C919的副总设计师黎先平更是对其评价道："将容冰优化设计新技术应用于超临界机翼设计过程中，取得了突出的成果。"

别人都说不可能，但我就是要逼着自己去做

飞机的结冰问题一直是困扰国内外飞行器设计专家的一大难题，也是诸多空难发生的导火索。因此欧美对结冰适航取证制定了高门槛，而对于机翼的气动设计，国外的航空航天制造公司，例如波音、空客，更是将其视为机密，严格封锁设计资料。我国在结冰领域研究起步晚于欧美40多年，该领域的计算软件也被美国航空航天局（NASA）或欧美公司所垄断，面临着软件平台"卡脖子"问题。同时，大型客机的研制任务紧急，现有的湍流模型无法满足关于结冰的工程设计精度要求，关键指标的预测误差在20%以上。

冬天飞机喷洒除冰液

在陈海昕、张宇飞两位老师的指导下，李浩然的博士课题面向结冰空气动力学的三个关键问题，发展了适用于结冰的湍流模拟新方法，开发了三维冰生长的计算软件，提出了"容冰机翼"气动设计新概念。

与陈海昕、张宇飞老师和尹宇辉同学合影（右一：李浩然）

在适航审定中需要明确带冰最大升力系数的大小。如果没有创新与突破的话，只能在现有的工程 RANS（雷诺平均）计算方法和 LES（大涡模拟）计算方法中择一使用。RANS 计算方法的误差在 20% 以上，而 LES 计算方法的精度虽然有所提升，但是计算一个构型需要 2 个月的时间，无法适用于工程。也就是说，国内外没有一种方法能做到既准确又快速的预测。

国产 ARJ21-700 飞机结冰

为解决该问题，李浩然转向了 RANS 模型的研究。但无论是他的导师，还是国内外的其他权威专家，都认为这是一件不可能的事，导师甚至告诉他："你如果要做这个方向，要么做不出来，要么做出来了效果可能也不太好，这样的话你可能会毕不了业。"

然而在一番深思熟虑后，李浩然认为这个方向还是有一定希望的，于是决定要挑战一番。后来，他发现"非平衡湍流"效应是关键，而此前学者对此的模化均不成功。他提出了"非平衡效应在分离剪切层局部模化"的思路，发展新型三方程 RANS 模型，将预测失速特性的误差（对比风洞试验值），从 20% 降到 3% 以内，这是公开研究中最精确的结果；计算时间从 2 个月缩短到 1 个小时，为工程应用奠定了坚实基础。

"算是有一股冲劲吧，我觉得我们还是需要有挑战权威的精神的。要突破人类知识的极限，前提就是要改变权威的思想。虽然他们都觉得不可能，但毕竟我遇到了这个问题，那就去试试看吧。"

这不是我一个人的努力，而是大家共同的心血

谈及他的科研成果，李浩然有些羞涩地笑了笑。"我这个课题其实不是光我自己做出来的，背后还有很多其他科研人员的努力。"

研究的过程并非一帆风顺。在实验的过程中，李浩然发现很多学术上已经成形的理论并不能直接应用于实际情况。在做理论研究时，通常用简化模型来进行分析，而实际情况中遇到的问题则是错综复杂的，必须兼顾理论上忽略的很多要素，从而

对研究过程产生了很多限制。李浩然的导师陈海昕教授曾形容他的课题是"戴着镣铐跳舞"。在设计过程中，需要研究很多未解问题如增升装置结冰，而时间只有两个月。"这是我从来没有做过的事，是我的学科短板，而且工程上的时间节点卡得很严格，如果过了时间节点，即使做得再好也是没有用的，所以时间紧、任务重。"

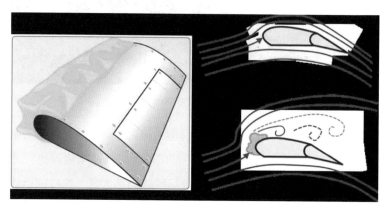

机翼结冰流场示意图

2020 年的春天，李浩然为了解决研究难题，主动请缨前往上海飞机设计研究院（以下简称"上飞院"），成为参研高校中唯一在设计一线工作的学生。刚刚来到上飞院的时候，李浩然发现自己前两轮的设计结果非常不理想，而上飞院又对他的设计寄予厚望，室里派了很多人员协助，把所有的计算资源都腾出来了。欲戴王冠，必承其重，李浩然心理压力非常大，"当所有人对你的期望很高的时候，做不出来东西，就会辜负大家的信任。"

此时，导师给了他非常大的支持，一边安抚上飞院的工作人员："请你们相信李浩然"，一边也打电话与他一起讨论，提出了很多可能的解决方案。除此之外，上飞院科研人员轮岗值班的陪伴、张宇飞老师细致入微的帮助、好朋友的暖心安慰、实验室同学的积极配合也都鼓舞着他。最终在大家的支持下，李浩然成功完成了大型客机容冰机翼／增升装置设计方案，并通过了风洞实验验证，取得了优异的性能。上飞院黎先平副总师、西北工业大学李杰教授在综述论文中评价："容冰优化设计后，结冰机翼失速迎角推后、最大升力系数增加、失速特性改善。"

与导师陈海昕教授交流

"在这段时间我发现，国之重器一定是凝聚了众人的力量才能完成的。一个人的力量很渺小，只需要一个天才设计师就能设计一架飞机的时代已经过去了，现在需要团队作战，大家齐心协力才能把飞机设计好。"

生活那么精彩，我想多经历一些

业余时间，李浩然也保持着自己对音乐和社工的热忱。入学之初，他担任航博173党支部书记，完成了党建研究、集体建设基金4项，组织了赴河北涿鹿支教等活动，荣获"优秀研究生党建与思想政治工作者"称号。其中，在河北涿鹿支教的经历给他留下了非常深刻的印象。在他所支教的学校，学生们在高一结束后需要分流，其中很多人在结束了高一的课程之后就选择了打工而非继续学业，这让他感到非常痛心。"如果我们能去跟他们讲一讲，也许能在他们身上产生一些影响吧。"

与国乐社小伙伴在表演后留影（第一排左二：李浩然）

参加 70 周年国庆专项活动（右二：李浩然）

在中华人民共和国 70 周年国庆专项活动中，他担任 201 中队临时党支部书记，出色地完成了各项工作任务，荣获"校级先进个人"称号。同年作为国乐社二胡组成员，成功在新清华学堂的专场音乐会上为全校师生演奏。目前，李浩然担任学院带班助理，负责高年级博士生和航博 173 班的思政工作。

被问到时间规划秘诀时，他想了想，说："也没有什么太大的秘诀，我的大部分时间还是在做研究，能腾出来其他时间的话会去做一些喜欢的事情。比如练琴，想练了就会把晚饭时间省出来去练一下，权当放松，也不会有什么心理负担。只要喜欢，那就去做就好啦！"

不求功成名就，但求问心无愧

飞行器设计师的梦想从儿时便深深扎根在李浩然的心中。每逢假期，父母都会驱车几百公里，把小小的他带到省城机场去"开开眼"。隔着机场栅栏，他仔细观察飞机的每个动作，琢磨肉眼能看到的每一个零部件，一笔一画在心中描绘着飞机设计师的梦想蓝图。

2013 年他顺利考入西北工业大学。本科阶段，他参加了很多航空航天领域的大师讲座，每每听到设计师们讲述飞行器的奥秘时，他都情不自禁地被那些独属于飞翔和蓝天的魅力所吸引。"仰望星空，每每总有杨伟、唐长红等一大批'大师''偶像'指引我前进，唯有脚踏实地、日夜苦读，才能成就更大梦想。"功夫不负有心人，2017 年他以优异的成绩被免试推荐到清华大学航空航天学院深造。"踏入 AEROlab 实验室的那一刻，我感觉自己距离梦想又近了一大步。"

李浩然曾经参与航天三院的项目，一起参与研究的工作人员带给他很大的触动。研究院的地理位置偏僻，周边设施也并不方便，但或许正是这样的环境才造就了一批脚踏实地、求真务实的科研工作者。航天三院无人机副总师向先宏在工作之余与他聊天时，说自己"周末如果不来研究所的话，就总觉得少了点什么"。科研人员们对航空航天事业的热爱深深打动着他。

"很多时候我觉得不忘初心是一种挺难得的品质，因为人都是一直在变的，周围环境也是一直在变的，如果能把一件事坚持下来，就已经是一个很了不起的成就了。我觉得如果我能将个人发展和社会发展结合在一起的话，即使做不出来什么大成果，至少也是问心无愧的。"

认真、坚持、谦逊、勇敢、纯粹……你可以在李浩然身上发现许多美好但却难得的宝贵品质。对于他来说，人生中最大的目标或许并不是财富与地位，而是坚守自己内心的那一方净土。这位面容干净、温暖阳光的少年用自己的行动默默诠释着什么是"立德立言，无问西东"。

新时代"国之大者"激励着他在科研道路上更加果敢、笃实、坚定。毕业后他希望前往航空航天主战场的研究所工作，那里有更宽广的天空等待着他翱翔。在未来的日子里，他将无愧于"飞天巡航，报效祖国"伟大梦想，在飞行器设计领域做出自己新的更大的贡献。

努力融化机翼上冰雪的少年，愿你的梦想与热爱永不结冰。

陈冲：
以"大数据"检索未来

陈冲，清华大学计算机系 2017 级直博生，师从张敏副教授。主要研究方向为人工智能在智能信息获取上的应用。截至 2021 年 12 月以第一作者（不含共一）在人工智能与信息检索领域国际顶级会议和期刊发表 10 余篇学术论文，一作论文引用量超过 550。曾获 AIRS 2018 最佳论文提名，先后两次获得国家奖学金，2020 年计算机系学术新秀、"钟士模"奖学金、"蒋南翔"奖学金，以及业界顶级奖项字节奖学金（全国 10 名）和百度奖学金（全球 10 名）等。

近年来，人工智能被认为是具有重大战略意义的研究方向。大数据相关的技术、产业也得到了蓬勃的发展，并且对国家安全、社会管理与经济发展意义重大，在主权维护、网络治理以及疫情防控等方面发挥了重要的作用。读博期间，陈冲一直致力于大数据分析领域中智能信息获取技术的研究和应用，重点解决互联网用户的行为分析和兴趣建模等关键问题，开拓性地设计机器学习模型，以提高智能信息获取的准确度、高效率和可解释性等。

打破壁垒：注入产业新动力

深度学习算法由于其复杂性，使得其很难对自身做出的决策给出解释。而良好的解释对于提升用户体验，提高用户对于模型和产品的信任度都有着明显的积极意义。针对该问题，陈冲在设计模型时考虑显示融合用户的多元信息，通过挖掘信息平台中广泛存在的用户的社交关系、评论信息、知识图谱等构建可以同时提供结果解释的数据挖掘算法。值得一提的是，陈冲以第一作者在国际万维网大会（WWW 2018）上发表的关于可解释算法的论文是第一个提出将"评论级"解释应用到用户结果展示中的研究，成为可解释性推荐方法研究的里程碑，得到了研究学者们的广泛认可，在Google 学术上引用超过 300 次（入选 WWW2018 最有影响力论文列表），吸引了大量国内外研究者开展后续探索。

陈冲在做论文展示

"冰冻三尺，非一日之寒。"陈冲坚信要坚持钻研领域的基础研究才能取得大的突破。他也身体力行地执行这条科研准则。陈冲认为，从只有正样例的数据（positive-only data）中学习是广泛意义上大多数机器学习模型的一个基本操作。针对此基础问题，陈冲通过严谨的数学推理，对机器学习算法底层理论基础进行了创新，将从整体数据中学习的时间复杂度降低了一个数量级，极大地提高了深度网络的学习效率和训练的容易程度，突破了长期以来依赖"采样"的方式训练神经网络模型的瓶颈，成功使用"非采样"获得比传统"采样"方式更快、更有效的模型参数学习，从而极大地提高了神经网络模型的实用性能。同时，这一研究也是基础性的、开创性的。本质上，所有依赖非采样的机器学习算法都可以使用这一解决方案，而这样的算法在机器学习领域随处可见。更值得一提的是，陈冲关于"高效性"的研究不是简单地跟随已有的工作，而是提出了一套新的研究框架。所设计的高效非采样算法填补了非采样神经网络推荐模型研究的空白，已成为推荐算法优化的基础性理论和方法创新。

陈冲（左一）与实验室导师和同学

向上做科研，向下做落地

"做能落地、对实际系统有意义的研究"是陈冲的科研座右铭。面向实际应用，陈冲从理论推导到实际算法优化，设计实现了可应用于推荐系统各应用场景中的神经网络模型，显著地优化了推荐效果和训练效率，在多个现实场景上相比已有最新方法在训练时间和模型表现上均取得了极为显著的效果（例如，在基于多行为数据的推荐任务上，推荐效果提升 40% 以上，训练时间快 10 倍以上）。这使得陈冲的研究在现实场景中有着巨大的应用前景。

在做研究的同时，陈冲力图将研究成果通过实用系统为社会带来价值。他的研究成果得到了多个领域研究同行的肯定与跟随，并得到业界的认可在实际产品中得到应用。通过跟华为的长期合作也使多项成果落地于其应用市场及在线教育平台，申请的专利被评为华为潜在高应用种子专利。与腾讯合作的社交媒体挖掘算法落地微信看一看场景。这些成果落地使陈冲的研究产生了一定的经济效益和社会效益，服务于国家在人工智能和智能信息处理等方面的重大战略需求。

由于研究在产业界有较大的实用价值，陈冲先后获得计算机领域业界顶级大奖字节奖学计划和百度奖学金的支持。其中，百度奖学金是面向计算机领域全世界华人研究生的业界著名奖项，每年仅评选 10 人并给予每人 20 万元人民币的科研资金支持，获奖者多来自清华大学、斯坦福大学、麻省理工学院（MIT），以及卡内基·梅隆大学（CMU）等世界顶尖大学，竞争极为激烈。

陈冲（右五）参加百度奖学金颁奖典礼

　　科研之外，陈冲最感到有收获的是，他长期担任"人工智能"和"计算机程序设计基础"的助教，参与课程设计、提供理论和技术支持。对于来自不同的专业的同学，陈冲鼓励他们在自己的领域研究真实世界的问题，通过研究熟悉的问题让他们深入理解人工智能技术。

蓝学友：
逐梦清华园——从"跟着走"到"一起走"

蓝学友，法学院 2018 级博士研究生，研究方向为经济刑法，致力于建构经济犯罪论体系，严密经济犯罪法网。曾发表论文《规制抽象危险犯的新路径》《互联网环境中金融犯罪的秩序法益》《论集资诈骗罪与非法吸收公众存款罪的体系性区分》《论非法经营罪的保护法益》。

曾担任法学院学生组组长、清华大学"庆祝中华人民共和国成立 70 周年专项活动"队长，曾赴河北、河南、江西、浙江、重庆、福建、西藏等地实习实践，曾获国家奖学金、全国刑事法博士生论坛优秀论文奖、林枫辅导员等荣誉。

从"摸着走"到"跟着走"

在清华园求学的十年里，蓝学友曾"随大流"追求过很多梦想。本科入学时，蓝学友在听过学术前辈的成才报告后，便和身边很多同学一样，在心中暗暗立下成为"学术大师"的志向，不过很快这一志向就被惨淡的 GPA（grade point average，平均学分绩点）压垮了。之后，他在社团社工中找回了一点信心，并转而梦想成为一名"治国英才"；但是，慢慢地这一梦想也在各种琐碎的填报工作中被磨灭了。后来，身处创新、创业大潮之中的他也忍不住憧憬成为一名"商业精英"，但是在与创业失败归来的同学交流过后，这一憧憬也消散了。好在每一段"跟着走"的日子里，他都拼尽了全力。在立志成为"学术大师"的日子里，他认真完成专业课学习，养成了每日阅读、写作的习惯；在梦想成为"治国英才"的过程中，他广泛涉猎政治学、经济学、社会学、心理学等多学科经典著作，在校时勇担学生工作重任，在寒暑假时则奔赴江西、重庆、浙江、河北、河南等地实习实践，养成了观察生活、关注社会的习惯；在憧憬成为"商业精英"的时光里，他通过旁听课程、阅读文献等方式，相对系统地学习了经济学理论，也养成了经济学的思维方式。

虽然只是"跟着走"，但是每一段经历都让蓝学友更加了解自己、了解他人，也更加了解社会。也正是这一路上的所思所想，让他决定选择从事面向社会、面向生活的法学研究工作。这一次，他决定"自己走"。

从"自己走"到"一起走"

结合过往的经历和阅历，蓝学友在读博期间选择挑战经济犯罪理论命题，核心任务是划定"罪"与"非罪"的界线。与杀人、抢劫、盗窃等传统自然犯不同，经济犯罪内嵌于经济系统，而经济系统又内嵌于社会系统。要想厘清经济犯罪的边界，就得把握经济系统的运作逻辑；而要想把握经济系统的运作逻辑，又得了解社会系统的运作逻辑。这种层层嵌套的现实结构对经济犯罪理论提出了很高的体系性要求。

蓝学友参加讲座

为此，他把推进经济犯罪理论体系化设定为长期目标，而现阶段的具体目标是推进传统法益理论体系在经济犯罪领域的结构化转型。目前，他已经有 5 篇阶段性成果顺利发表。

学术即生活，生活即学术。当回头总结这些阶段性成果时，蓝学友发现自己过往的经历和阅历已经悄然融入每一项研究之中，而他也成长为一名有能力独立承担研究工作的理论研究者。

他原以为在"自己走"的时光里可能会孤独一些，不曾想这一路上结识了不少志同道合的师友。一如从前，他还是时常与身边的师友畅谈理想、憧憬未来。但这次他不再是"跟着走"，而是"一起走"。

李国朕：
为平凡的一生留下值得
记忆的事

李国朕，精密仪器系 2017 级博士研究生。截至 2021 年 12 月，已发表 SCI 论文 5 篇，其中以第一作者发表论文 3 篇；顶级会议论文 1 篇（共同一作）；作为学生发明人申请专利两项，已授权一项。关于基于热感应的多维传感新机理的多模态触觉传感器的相关研究成果发表在了机器人领域顶级期刊 *Science Robotics* 上，被中国科学报、麻省理工科技评论等国内外主流科技媒体正面评述和专题报道，获得了 2021 年世界人工智能大会青年优秀论文奖。

十年时间有多长？对李国朕而言，是一次次夜深人静、实验依旧做不出来的积淀，是一段段偶然放空时脑海里闪现的青春往事，也只是身份证上一行短短的有效期限。2021 年，是李国朕离乡求学的第十年，也是在清华园里的第八年。

十年前，十八岁的李国朕第一次踏入北京，来到清华。这个从西南山区小镇走出来的男孩，只是想多看看外面的世界，从未想过能一直读到博士。对李国朕而言，能考上清华是一件意外且"花光一生运气"的事。能够进入清华学习的人，都是十分优秀的，但优秀的人聚集在一起了，便总会有一个相对不优秀的人了。本科时候的李国朕就是那个不优秀的存在。在记忆中，整个本科期间，李国朕都在尽力追赶着课程的进度和同学们的脚步，那时候他经常提醒自己"现在也许是最差的，但不能一直是最差的"。清华从来不缺少天赋和才华，没有天赋和才华那就多多坚持和努力吧。所幸"愚者千虑必有一得"，本科毕业的时候，李国朕获得了清华直博生的录取资格。

在服役两年之后，李国朕重新回到了清华，开启了博士研究生生涯。和大多数同学一样，博士阶段初始时期倍感迷茫，对于科研也有一种陌生感。读博一年级时期更多是处于一种"找状态"的阶段，思考如何度过至少五年的博士学习时光。那个时候李国朕每天的生活基本是"三点一线"——白天上课、晚上做实验、周末补作业。实验的结果常常是失败的，只是那时候的他比较佛系，面对接踵而至的失败也能坦然接受，但从不放过任何寻找失败的原因。在不断"踩坑"和"填坑"的过程中，他开始找到了自己的科研节奏，也一点一点明晰了自己心中对于科研的定义。

"科研是一件很难的事情，但它是我有限的五年里能做的最有意义的事情。我不想刻意设想能取得什么样的成果，只是脚踏实地地度过每一天，想着当我再次走出这园子的时候，站在校门口回望自己十年青春时，能够留下很多值得记忆的事，能够记得很多值得记住的人，能够问心无愧地说一句'我没虚度'，之后便转身启程前往下一站。"

李国朕在实验室组装仪器

度过读博一年级的适应期后，二年级的李国朕开始接触博士生涯的主要研究方向：机器人的触觉传感技术。将触觉传感技术应用于机器人领域是当前的热门研究领域之一，但初入此道的他并不得法门，只能再从基础的文献阅读做起，加深自己对于研究领域的现状认知与理解，找到研究工作的切入点。每当有想法的时候就及时和有经验的师兄师弟们沟通，和导师讨论，并多动手进行尝试，而实验的成果正是这样一点点"磨"出来的。科研的道路永无止境，需要"精益求精，止于至善"的态度和精神。针对智能机器人对多模触觉感知的应用需求与机器人触觉传感器在高灵敏测量、多感知集成、低交叉耦合、低成本加工上的技术瓶颈，李国朕以前期课题组的工作为基础，进一步提出利用热感应的多维传感机理的多功能感知触觉传感器，实现了压力、温度、热物性等参数的原位集成感知，并将其应用于机器人手感知系统，实现了机器人手对多维触觉信息的原位感知。这个过程是漫长而艰辛的，研究成果的相关文章从投稿到被接收历经半年的时间，这期间又经历了五轮审稿意见和若干次的实验补充、论文修改。"回想起这个过程，有因为疫情不能及时返校开展实验的焦躁，有反复修改论文时的疲倦，当然也有女朋友的支持与陪伴、导师的鼓励与指导以及课题组内师兄师弟们及时的帮助。这一路历经波折但也成长良多，也算是为自己平凡一生留下了值得记忆的一段经历。"

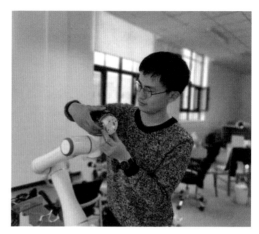

李国联在实验室调试机器人

时光荏苒，白驹过隙，李国联愈加珍惜在园子里的每一天。对他而言，生活从来不是一帆风顺的，科研更是如此，但乐趣也往往就是"众里寻他千百度，蓦然回首"时的顿悟、欣喜与释然。能在有限的时间里做着自己能做且想做的事情并尽力去做好，是一种平淡而真实的满足感。除了科研，他觉得更重要的还有这一路的经历，和这一路遇到的人。"感谢那些帮助过我、认同过我的人，是他们给予了我走下去的动力。也感谢那些否定过我、放弃过我的人，是他们让我经历了人情冷暖，成就了依旧倔强的我。更感谢女朋友多年的陪伴，包容我的缺点与不足，一直相信我，让我在这钢筋水泥的城市中多了一份牵挂与归宿感，更多了一份坚定与奋斗。"

博士生涯倒计时归零的那天，是李国联研究生阶段的终点，也是他人生新阶段的起点。他会带着这五年积淀下的满足感，带着心底的不服与坚持，为着一份温暖的牵挂、为着向往的人生而继续努力、继续战斗！

陈如意：
自旋赛道上的拼搏者

陈如意，材料学院2018级直博生，师从宋成教授，研究方向为面向下一代非易失存储器的人工反铁磁薄膜材料制备与器件研究。曾获国家奖学金、清华大学未来学者奖学金、材料学院金刚未来科学家奖学金、中国物理学会秋季会议四刊最佳墙报奖等荣誉。

史前时代，人类就对陀螺和陀螺仪等快速旋转的物体产生了非比寻常的研究兴致，随着物体自转速度的增加，改变它们的转动方向将会变得非常困难。在自然界尺度的另一端——微观物质世界中，基本粒子的"自旋"特性同样令这位刚刚步入清华大学的博士生着迷，"探究自旋的奥秘"在陈如意的眼中是一场勇敢和孤独的探险，更是一场"求真求美"的非凡旅程。

内藏玄机：初探人工反铁磁体

存储芯片被誉为工业的粮食。随着信息存储安全上升为国家战略的重要环节与大数据时代的到来，海量的信息对数据存储器件提出了越来越高的要求，也使得当前的信息存储技术面临诸多挑战。实现更高效更大容量的信息存储显得尤为重要。

陈如意所研究的高性能自旋电子材料与存储器件，实现了利用磁性材料进行信息存储的进步，为发展非易失、高读写速度、高密度、稳定的下一代存储器件需求提供了重大突破口。陈如意博一进入实验室不久，同宋成教授确定课题时，导师建议他要思考如何发挥材料学科优势，从材料选择与结构设计方面有效操控人工反铁磁磁矩，进而构造基于人工反铁磁超高密度的磁随机存储器，对信息时代做出贡献。

他在实验初期认识到，垂直磁化人工反铁磁体具有低净磁化强度和高热稳定性以及易于读写的特性，有望取代磁性隧道结中铁磁自由层用于信息存储。然而，利用自旋轨道扭矩实现人工反铁磁体的确定性翻转存在一个瓶颈性的难题，那就是普遍需要大的外部磁场来打破对称性。这也使得其在实际应用中受到限制。

在认识到这是一个许久无人突破却蕴藏着无穷潜力的方向，陈如意开始如饥似渴地学习。在快速且熟练地掌握薄膜制备技术、微纳加工技术、器件电磁性能表征后，他制备并测试了 2000 多个半导体器件。无数次的尝试后，他成功通过畴壁结构与器件结构的设计，在学术界首次实现了零磁场下人工反铁磁的电学操控，对其应用于隧道结的自由层进而为构造超高密度的磁随机存储器开辟了崭新的路径。这一重要成果也以"Reducing Dzyaloshinskii-Moriya interaction and fieldfree spin-orbit torque switching in synthetic antiferromagnets"为题，发表在国际顶级期刊 *Nature Communications* 上。

陈如意在实验室处理实验数据

含英咀华：再探斯格明子

在完成对零磁场下人工反铁磁的电学操控后，陈如意逐渐领悟到人工反铁磁领域还是一块未经过多开垦的科研宝地。如果说磁随机存储器是利用磁矩的平行和反平行状态产生电阻的高低阻态，进而实现信息存储的"0""1"信号，基于斯格明子的赛道存储器则是利用电学方式驱动斯格明子在纳米赛道上运动，通过检测斯格明子的有和无代表信息存储的"1""0"信号。至此，他转身扎进磁性斯格明子的赛道之中。他认识到磁性斯格明子具有稳定的拓扑结构，这使得驱动其状态改变的电流密度比驱动传统磁畴要低5～6个数量级，有望成为一种全新的信息载体。

然而，全新的挑战也在这一赛道的不远处等待着他。铁磁材料中斯格明子在被电流驱动时会受到马格努斯力作用而偏离运动轨迹，这使得在实际应用中出现信息的损坏和丢失问题。如何稳定人工反铁磁斯格明子构造基于斯格明子超快读写速度的赛道存储器成为他首要解决的难题。在摸索与实践后，他试图通过磁场和磁电场协同调

在清华园留影

控的方法，在人工反铁磁体系中实现了孤立的和高密度（$36/\mu m^2$）稳定态的磁性斯格明子，再一次攻克了人工反铁磁界的又一大难题，克服了传统铁磁材料中斯格明子在尺寸和有效操控方面受到的限制，从技术手段上推进了基于斯格明子的高密度低功耗非易失性存储器的发展。这一工作也以"Realization of isolated and high-density skyrmions at room temperature in uncompensated synthetic antiferromagnets"为题发表在国际顶级期刊 *Nano Letters* 上。

业精于勤：三探学术之美

这之后，陈如意观测到人工反铁磁体系中磁场方向依赖的磁化翻转行为，通过建立斯通纳 - 沃法斯模型解释其内在机理，为操纵自旋电子学的磁化行为提供了崭新的视角。之后他又探究了人工铁磁反铁磁多层膜体系中类拓扑霍尔效应的磁场依赖行为，发现类似拓扑霍尔效应的特征是 Co/Pd 界面处富 Pd 合金负的霍尔效应系数导致，再次拓展了对类似拓扑霍尔效应特征的认识，提供了磁性多层中的磁化翻转行为的全新视角。

在完成了前面阶段的工作后，陈如意对于自旋轨道力矩有了独特的认识。那些微观又精密的器件不再只是实验的样品，而是他在人工反铁磁学领域的利刃，更是

陪伴他追寻自旋之美的伙伴。之后，他和实验室的合作者从材料、机理、性能三个角度详细探讨了下一代非易失存储器的自旋轨道力矩效应的发展历程，并对该领域未来发展提出了展望。这一工作发表在材料领域顶级综述期刊 *Progress in Materials Science* 上。

作为博士生，陈如意深耕在自己的科研领域上，他把追求科学真理、探索事物本质、淬炼精神品格作为自己的奋斗目标。这也是每一个材料人心底缱绻的情愫，真材实料、顶天立地。同时，作为"厚德载物，勇于担当"的清华人，他也在用自己的方式发散温柔且炽烈的光。

青春的奋斗同样需要志同道合的伙伴们。在繁忙又充实的科研工作之外，陈如意也是材料学院的学术助理，在过去的几年里他组织策划、筹办了清华大学第 637 期博士生学术论坛，论坛邀请了拥有国际顶级学术成果的教授、学者、企业家参会，吸引了国内外近 10 所知名院校的 100 余人参会，被评选为清华大学"五星级博士生论坛"；负责清华大学材料科学与工程研究院《材料科学论坛》学术报告推送；负责清华大学材料学院研究生奖助学金、学术新秀等评定工作，累计服务 2000 多人次。同时，他还是材博 181 班的班长和材博 171、182 班的带班助理，不只在学术上贡献自己的力量，更在生活中为材料学院的研究生们保驾护航。

赵月靖:
好之，知之，乐之

　　赵月靖，清华大学建筑学院建筑环境与能源应用工程2017级硕士研究生。2013年考入清华大学建筑技术科学系，2017年师从赵彬教授攻读硕士学位，研究方向为中国城市居民烹饪产生细颗粒物的源强特征及应用。曾获"夏安世"优秀学生奖、研究生国家奖学金等荣誉。

　　怀揣着一份"知之者不如好之者，好之者不如乐之者"的好奇与兴趣，科研路上的她脚踏实地、甘之如饴，致力于为促进我国建筑环境科学、室内空气污染与健康领域研究的发展贡献力量，满足保护环境、改善民生的重大战略需求。

"民以食为天"，爱为学问之始

　　虽然也会刷刷剧、看小说，但"拔草美食"才是赵月靖最喜欢的休闲减压方式。她关注了不少美食推送公众号，发现有新店开张或有新品推出时总忍不住去打个卡，并把测评结果分享在微博上。

　　她科研之路的萌芽，也恰恰与源自对"食"的关注。作为一个四川人，赵月靖小时候便经常听到家里人抱怨做饭时油烟"呛人"，在好奇心的驱使下，她阅读了大量有关烹饪散发颗粒物的文献。

　　赵月靖发现，烹饪已经成为我国住宅内$PM_{2.5}$的主要室内源，烹饪产生的$PM_{2.5}$对健康危害十分严重，尤其是大量附着在细颗粒物上的多环芳烃、重金属等化学组分，使得人员致癌风险和非致癌风险都超过安全水平，甚至会增加呼吸系统和心血管系统疾病的风险。尽管国内外已有部分文献对此开展了研究，但关注点重点集中在颗粒物的排放浓度而非排放强度（源强），针对典型中国家庭烹饪的源强数据存在尚待填补的空白——赵月靖的科研之路就此起航。

有计划，能自律，重执行

从大三起，和其他同学一样，赵月靖在懵懵懂懂中开始了尝试科研的道路。"很幸运在刚接触研究的时候就遇到了现在的导师赵彬教授。"赵月靖说道。因为赵老师对本科生的指导历来亲力亲为，从研究的规划阶段就让学生介入，让学生不仅知道自己要做什么，更知道为什么要这么做，还要了解整个研究的来龙去脉以及自己所做内容对整体的意义。赵老师对大局观意识培养的重视，对于她日后逐渐在科研中找到感觉起到了至关重要的作用。确定好课题方向之后，结合导师的意见，赵月靖为自己的研究梳理出了完整的框架，并制订了阶段性目标和计划。以这份"三年计划"为导向，她时刻比照课题的进度鞭策自己，使科研之路走得更为踏实、高效。

不畏挫折，撸起袖子加油干

万事开头难，回想起自己第一篇 SCI 的诞生，赵月靖感触颇深。由于前期文献调研工作开展得较为扎实，导师鼓励她将成果整理为文献综述发表。作为第一次接触英文论文写作的"新人"，她感到有些无从下手，只能一遍又一遍反复研读前人的优秀范例。从动笔到最终发表的两年时间里，她经历了四次拒稿、十余次改稿"痛并快乐"的过程。也正是在与审稿人的多次博弈中，她逐渐加深了对课题内容的理解，训练了思维的严谨性，为后面的研究夯实了基础。

有了论文写作的经验，赵月靖注重打磨起实验设计的细节。为了使结果具有实际应用的价值，她选择在真实的厨房中进行入户实验。测试时，她和师姐经常需要背着沉重的实验器材往返于学校和实验出租屋之间，早上 7 点出门，在夏季炎热的厨房中一待就是一整天，结束时往往浑身是汗。不仅如此，还常常遇到停电、停气等突发状况。实验的过程是艰辛的，然而成果也是丰硕的，相关的研究成果发表于环境科学与工程领域的权威期刊 *Environmental Science & Technology*。

室外的空气质量对赵月靖的实验结果有较大的影响，因此经常需要"靠天吃饭"。

为了等到合适的实验条件，很多时候实验的计划不得不一拖再拖。"一次成功"成了她每次测试的最大愿望，这无疑对实验的严谨性和操作熟练度提出了很高的要求。"在这个过程中，最要感谢的是我的师姐陈忱。"赵月靖如是说道，"陈忱姐的耐心和细心，帮助我不断完善实验流程，也教会了我做研究要一丝不苟。"

赵月靖从不觉得科研有什么捷径，"不积跬步，无以至千里"，她相信星光终究不负赶路人。赵月靖的课题工作也受到了行业内人士的肯定和奖励，成功获得了上海交通大学夏安世教育基金会 2019 年度优秀学生奖学金，该奖项每年在全国范围内奖励 5 名建筑环境和制冷专业研究生。

心系民生，独乐乐不如众乐乐

除了基础研究外，赵月靖还十分注重成果的转化和应用，已成功将研究成果加入所在课题组的数据库中。作为更进一步的工作，她还积极探索中国住宅内对烹饪产生颗粒物的控制策略，结合多种干预措施，以一种高效、经济、易施行的方式来最终减少室内人员实际对 $PM_{2.5}$ 的呼吸暴露。赵月靖认为，"科学探究是一个发现世界、认识世界和改造世界的过程，它来源于生活，最终也要回到生活"。将科研成果落到实处，真正帮助大家创造一个更美好的生活环境，这在她看来意义重大。因此，在导师的鼓励下，她将课题相关的所有研究成果整理为科普小手册，希望能深入浅出地帮助大众了解与之息息相关的民生和健康问题，相关的文稿被《人民日报》《今日头条》等转发后，受到广泛关注。

硕士即将毕业时，站在人生岔路口的赵月靖，坦言道，"想选调去家乡的住建部门，推动有关政策的落地，为解决我国烹饪污染贡献一份自己的力量。"

王哲：
跑好人生的马拉松

王哲，自动化系 2018 级硕士研究生。研究方向为车路协同环境下交通态势协同感知方法，为自动驾驶实现超视距、全天候的感知提供新思路。曾任自动化系研究生会主席，曾组织 7 支"一二·九"特色实践支队，分赴全国九地调研实践，连续两年带领联队斩获"一二·九"综合金奖，曾联合 10 所院校成立"北京高校人工智能学术联盟"，曾获得清华 -Intel 奖学金、清华大学优秀共青团员、"一二·九"优秀领队等荣誉。

在读硕期间，王哲专注于寻找行业前沿研究方向，努力成为科研学术的"起跑者"；同时聚焦新时代发展特色，努力做思想引领的"配速员"。在科研学习之余，他还将公益的薪火代代相传，努力做热心服务的"志愿者"，同时向未知发起挑战，努力做突破自我的"冲线人"。

做学术科研的"起跑者"

2018 年 9 月，王哲幸运地站在北京马拉松的起点，成为了一名光荣的北马跑者，同一时间，他进入清华大学读研，成为系统工程研究所智能交通团队的一名硕士生，在这里开启了他人生中一段新的马拉松之旅，此时的他成为漫漫科研道路上的"起跑者"。

王哲坦言，作为学术道路上的起跑者，找准研究方向很重要。在智能交通团队里，他第一次接触到车路协同技术，认识到交通环境中的"人—车—路"可以通过互联互通，共同构建新一代的智能交通系统。王哲回忆第一次开项目组会的时候，导师张毅教授向同学们解释特斯拉汽车发生事故的原因（特斯拉汽车的车载摄像头将白色的大货车识别为天空，所以汽车没有减速直接撞了上去）。张老师希望以此说明现有自动驾驶存在的瓶颈问题，受此启发，王哲开始思考将车路协同技术与感知结合在一起，用多模态的传感器来解决视野盲区、恶劣天气条件下的感知问题。这是一个崭新的领域，没有前人指路，只能靠自己摸索。从文献调研，到实验设计、设备采购，再到数据采集，王哲稳扎稳打走好每一步。疫情期间因为缺少实验设备的支持，研究一度陷入停滞状态，王哲多次想放弃现有的研究计划，转而去做一些前人已经做过的"轻松"的实验，但是他和导师沟通后便打消了这个念头。张毅教授说："选科研方向应该选实际工程中需要的。"王哲也领悟到做科研不应该只是 follow（跟随）前人的工作，更应该是面对实际问题，从前人的经验中寻找解决方法。

"纸上得来终觉浅，绝知此事要躬行。"王哲将所学到的车路协同技术真正用到实车测试中去，但与车打交道不是一件容易的事，他曾参加世界智能网联汽车大会并演示基于车路协同的自动驾驶，在演示前夕，他曾和实验室小伙伴一起连续奋战几个夜晚在场地中反复调试车辆，确保万无一失。在演示当天，当观众坐在演示车上时，他自豪地向观众介绍自己的研究成果，这一时刻，他仿佛看到了自己努力的成果终于开花了。

王哲参加世界智能网联汽车大会

王哲表示，一个和谐的实验室氛围非常重要，他感到非常幸运可以加入系统工程研究所，来到 802 实验室，在这里师生们其乐融融，关系非常融洽，老师不仅是学生学术道路上的领航者，还是日常生活中的好朋友。在科研中，每个同学都可以找到自己的位置，发挥自己的所长，互帮互助，共同为整个项目组的发展贡献自己的力量；在生活中，大家还组建一个"吃喝玩乐"小组，在互动中不断增进彼此的感情。

做思想引领的"配速员"

在所有马拉松赛场上，一个非常重要的角色就是配速员，他要以某个固定的速度带领大家跑步。王哲也将赛道上这种"配速员"精神带到生活中，争做一个思想引领的配速员。

"一二·九"合唱比赛是清华学生每年都要参与的重要活动，2018年，他担任"一二·九"领队，2019年担任自动化系研究生会主席，连续2年带领联队参加合唱比赛并斩获综合金奖。王哲坦言，要带领一支100多人的团队参加合唱是不容易的，现在大家都是研究生了，每个人都有自己的科研压力、学业任务，要在其中寻找空闲时间参加合唱排练着实不易。为了让同学们积极参加排练，王哲思考到一个"胡萝卜加棒子"的方法，一方面，在每次合唱排练的时候设置抽奖环节，对参加的同学给予一定的奖励，同时也增加排练的趣味性；另一方面，每一次排练结束，他对每一个没有参加排练的同学都发微信私聊，先设身处地地从对方角度着想，询问没有来参加排练的原因，然后根据情况循循善诱，为同学们提出解决方案，督促其继续来排练。曾经有同学以学业压力大为由拒绝排练，王哲就向他解释一些专业课确实比较硬，但与其你针对一个问题钻牛角尖，还不如跳出现有圈子来参加合唱调节一下心态，更何况在排练的间隙，你还可以与同学们交流，可能你的问题就迎刃而解了。经过开导，这个同学选择继续参加合唱排练。

除了合唱之外，"一二·九"也是开展主题教育的好机会。2019年正值祖国七十华诞，王哲策划以"站起来、富起来、强起来"为主线，组建5支实践支队前往全国多地开展实践调研工作，让联队成员切身感受祖国七十年的沧桑巨变。筹备实践的整个过程中，时间紧、任务重，王哲非常感谢可以遇到一群靠谱的小伙伴，大家分工明确，一起为了一个目标共同努力，最后仅用2个月时间就完成从策划到实施的整个过程。

自动化系"一二·九"冲鸭小队（右二：王哲）

"波澜壮阔七十载，公到自成颂华章"上海实践（右一：王哲）

做热心公益的"志愿者"

当马拉松跑到 30 多公里时，是人最疲惫的时候，俗称撞墙，这时候的人最希望看见的就是志愿者，他们的一声声加油呐喊，递给跑者的每一个补给，都将成为跑者继续跑下去的动力。王哲受此感染希望将这份公益继续传递下去，做一个热心服务的"志愿者"。王哲在校期间多次参与志愿者活动，曾担任"感知清华"国际暑校、清华自动化论坛、校史、校园讲解、万寿论坛的志愿者，努力为社会、为学校、为师生服务，贡献自己微薄的力量。

2019 年 6 月，当王哲第一次听说国庆专项活动的报名通知后就第一时间报名，同时作为班长，他还积极在班级内宣传，呼吁大家加入志愿服务队伍中去，最终班级内共 18 名同学报名参与专项活动。王哲同学在暑期参与"伟大复兴"方阵的训练，虽然训练非常苦，天气也很热，外出集训经常是零点集合出发，下午 2 点才回来，一个夏天结束后，王哲的肤色又加黑了十几个色度，但是当他走过天安门广场的一瞬间，内心无比激动，他感到之前的辛苦付出都是值得的。

参与"伟大复兴"方阵

做突破自我的"冲线人"

当马拉松来到最后 5 公里时，往往是冲刺阶段，每跑一步都是对自己人生的突破。王哲表示在人生的赛道上也要时刻做一个突破自我的冲线人。

王哲喜欢跑步，他感激在清华园遇到了一群志同道合的朋友，他跟着晨跑队每天迎接校园里的第一缕阳光，跟着夜跑团为同学们保驾护航，他坚信一群人可以跑得更远。他开心的时候会跑步，与朋友们分享快乐，不开心的时候也会跑步，发泄内心的烦恼。他说："跑步会使人体分泌多巴胺，什么烦恼忧愁，在跑完步都会烟消云散。此外，跑步的时候是难得的自我思考的时间，在这段时间里，你可以和自己对话，聆听自己内心真正的声音。没有什么事是跑 5 公里解决不了的，如果有，那就跑 10 公里。"

灵山越野冲线照

王哲时常拿"start strong，finish stronger"（开始强，结束更强）来激励自己，以前的他都是佛系跑步，从来没想过可以参加运动会，2021 年暑假，他想突破一下自己，就跟着跑团的"小哥"等一行人参加暑训，三个月他跑完了 800 多公里（他 2019 年全年跑量为 500 多公里）。他在 10 月第一次参加研运会，站在 1500 米的起点，并取得了不错的成绩，也帮助自动化系获得研运会总分冠军。他在其中实现了自我突破，也极大地提升了自己的信心。在冲线的那一刻，他对自动化系"自觉、自律、自强"的系风又有了更深的理解。

清华又红又专的思想，影响着王哲同学成为一名"起跑者""配速员""志愿者"和"冲线人"，但他深知这里并不是终点，一切都还将继续，因为人生不是百米冲刺，而是一场马拉松，无论是在高峰，还是低谷，都要保持前进，都要发扬"马拉松"精神，不断努力、不断尝试、不断完善、不断创新，脚踏实地搞科研，孜孜不倦做服务，为祖国至少健康工作五十年！

王哲参加研运会 1500 米获第 6 名

王天宇：
以实验为基础的课题，
也能在家发论文

王天宇，电机系 2018 级硕士研究生。研究方向为高电压绝缘技术，聚焦于绝缘子表面电荷的调控策略、纳米电介质改性及其微观机理等相关研究，提出了金属纳米颗粒掺杂等多种有效提升绝缘子绝缘性能的改性方案，该方案在直流 GIL 等工程项目中可以有效提升绝缘性能并提升电气设备运行的安全性及可靠性。通过理论分析、数值计算和分子模拟等手段，深入研究了纳米电介质的微观机理，为相关领域的研究提供了理论参考。曾在 Nanotechnology，IEEE Transactions on Dielectrics and Electrical Insulation 等高电压绝缘领域高水平期刊发表论文多篇，曾担任 JPD 等期刊审稿人，曾获清华大学综合一等奖学金等荣誉。

初入实验室：连续一年没有取得科研成果

2018 年，王天宇加入了张贵新教授的课题组，研究绝缘子表面电荷积聚的调控策略。虽然研一第一学期他没有参与到具体的课题实验研究中，但通过大量的文献阅读及思考，积累了一些原始的想法，这些想法在后来的科研工作中也发挥了重要的作用。

研一第二学期，王天宇着手搭建复合绝缘子的制备平台。因为实验室的条件跟工业中很不一样，再加上改性材料的制备方案没有先例只能自己摸索，从开始搭建实验平台到浇筑成功第一个符合科研要求的复合绝缘子，他整整花了三个月的时间。

回想起那段岁月，他说："那段时间是艰难的，每次制备完样品进行测试发现不合格的时候，都感觉自己过去几天白忙活了，而且很多时候根本找不到问题出在哪。"但是，王天宇并没有被连续的打击击倒，而是更加勇敢地面对一个又一个的问题，并最终制备出了参数理想的绝缘子。此后王天宇的科研一度非常顺利，很快发现了一种有效的电荷调控方案，并用三个月的时间就完成了该方案的材料制备、分析表征，获得结论并撰写了论文。

但在准备投稿时，王天宇突然发现自己论文中的一个实验设计有一个不易发现的问题，在跟导师和课题组同学交流后，发现这个问题确实存在。而这个实验要重新设计，意味着几乎整篇论文中的实验都要重新做。"当时有种五雷轰顶的感觉，感觉自己研一这一年的时光都结束了但还没有取得任何的科研成果。自己的很多同学都已经步入正轨了但自己感觉还在原地踏步。"但是王天宇没有气馁，在导师和实验室同学们的帮助下加上自己的努力，终于用一个月的时间重新做完了所有实验并将论文投出，两个月后论文被接收。

疫情在家：不能做实验但科研不停滞，在家也能发论文

王天宇的硕士课题本来是一个完全基于实验的课题，并且在疫情前也初步取得了一定的实验成果。突如其来的疫情使他无法返校做实验，科研也一度陷入停滞。但他并没有因此无所事事，在家他开始思考自己之前取得结果的原理到底是什么，开始试图在微观机理方面进行分析。但这方面并不容易，一方面由于他之前在微观理论研究方面完全没有基础，另一方面也不知从何入手。但王天宇并没有气馁，通过大量的阅读文献和深入的思考，再加上与导师的交流和与研究物理、材料的老师和同学的交流，他终于找到了一个切入点，并进行深入的分析取得了一定的成果。

疫情期间，他通过自己的思考和大量地查阅文献建立了单电子隧穿模型，成功解释了先前在满足一定条件下在电介质中掺杂具有导电性能的纳米颗粒可以抑制表面电荷积聚的实验现象。他通过自学计算材料学和分子动力学模拟，研究了纳米电介质的微观结构特征和一些宏观物理性能变化的微观机制，并结合大量文献调研形成了一篇综述。其导师对他走出的这条路大加赞赏，建议他写一本关于该方面的国家自然科学基金申请书。

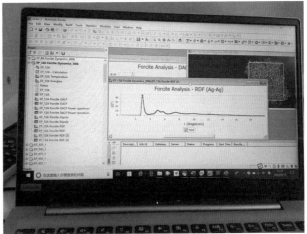

疫情期间王天宇在家进行微观机理方面的研究

当时王天宇在家几乎每天都学习工作 12 小时以上，研究理论模型或做分子计算时甚至会到夜里两三点才休息。疫情期间取得的科研成果，目前已有多篇论文在 SCI 期刊发表。这段时间持续的努力，不仅让他收获了一些论文，更重要的是改变并拓宽了他的科研思路，开始向微观机理方面进行更多的思考。

仰望星空，脚踏实地：发现自己热爱的事

刚开始读研时，王天宇并没想过自己在科研方面要做出什么成果。"当时只想硕士按时毕业然后找个好工作。"在接触科研后，在导师的引导和课题组师兄师姐的帮助下，他逐渐发现自己对科研的兴趣。"虽然会经常遇到挫折，但小到解决某个算法中的 bug（漏洞），大到取得一定的成果被同行认可并发表论文，这些所带来的快乐足以让之前的种种困难烟消云散，并且不断解决问题的过程本身就很迷人。"

发现自己科研兴趣的王天宇决定安心地在科研道路上走下去，主动申请了硕转博。在未来的职业规划上，王天宇也希望不管是去企业还是去高校，都从事与科研相关的工作。

每天锻炼一小时：健康工作五十年

除了科研外，王天宇还非常喜欢运动。他每周都会去健身房进行两到三次锻炼，体脂率也长期保持在 15% 以下。王天宇热爱跑步，多次参与半马活动；他还喜欢篮球、足球、羽毛球、乒乓球等球类运动。王天宇认为运动除了能强身健体，还能让他在科研之余很好地调整自己的状态，"有时候效率低下了，去健身房'撸铁'回来就有状态了"。

王天宇（左一）和室友参加"一二·九"长跑

此外，王天宇还喜欢看剧、看电影、寻找美食、旅游。他认为"效率"对他而言是最重要的，当效率低下时他不会强迫自己继续搞研究，而是会通过看电影等娱乐方式进行消遣。适当的放松是保持高效的重要调剂。

潘豪：
我只是一个努力且幸运的清华人

潘豪，2011级材料学院本科生，2015级材料学院直博生，师从林元华教授，研究方向为无机非金属功能材料。目前主要围绕铁酸铋基无铅电介质材料开展系统的研究，开发了一系列高性能材料体系，从多个角度探索了材料介电和储能性能的调控机制，取得了一批原创性的成果。

孕育成功的是幸运更是努力

谈及自己在清华读书的经历和取得的成果，潘豪思考了一下说，"我只是算没有辜负'清华人'这个title（头衔）的要求吧。要说还有些别的，那可能就是努力和幸运了。"故事发展到现在，绝不是一开始就规划好的，正相反，其间充满机缘巧合。

潘豪一开始想去学临床医学，却阴差阳错来到了材料系；本科进实验室后一直想研究医用材料，直博时却在导师的建议下开始研究电介质储能材料。在研究了半年的传统钛酸铅基材料后，又因为产业界对无铅材料的需求而转向新的研究体系。

潘豪说，"成功有时就像在寻找走出黑暗树林的路，其实路有无数条，重要的是，找准一条，然后努力走下去。"在谈到自己的研究课题时，潘豪笑着聊道，他一开始也不愿意做这个项目，觉得电介质就是我们常见的电容嘛，手机电脑里随处可见，没什么可以挖掘的。但在导师建议下，他去了解了相关背景，发现电介质电容不仅在电子信息和能源电力中有广泛的基础应用，同时作为脉冲功率技术的核心储能单元，在可控聚变、高功率武器、电磁弹射等前沿科学和国防军工中都有重大的战略需求。从20世纪末起，高储能密度电介质材料已经成为美国、日本、中国等的角力点，美国海军和能源部都投入了大量人力物力进行研究，中国也通过"973 计划"等项目对相关研究进行了重点支持。潘豪说，了解这些后，"清华人要把自己的事业和祖国的命运联系在一起"这句话就很自然地跳进自己的脑海，也最终促使他选择了这个方向。

人少的路往往有更美的风景

在电介质材料体系中，钛酸铅为代表的一系列含铅材料是主流，其储能密度最高纪录为 2015 年美国阿贡国家实验室报道的 85 J/cm^3，已经接近电化学储能的水平。近年来，研究者开始研发更环保的无铅介电材料，如钛酸钡、钛酸铋钠等，但由于这些材料极化能力较弱，储能性能始终远逊于含铅材料体系。潘豪说，"要做研究，就要奔着一流的去，就算失败了，至少也是二流水平。"在充分调研后，他把目光停留在铁酸铋这种新材料上。铁酸铋的介电极化能力与铅基材料相当，但它易产生缺陷、电压耐受能力弱、漏电流大，几乎没有人认为它可以成为高度绝缘的介电材料。但出人意料的是，导师对他的想法给予了肯定，觉得可以大胆尝试。潘豪认为，是导师的支持，加上"那时我还有点初生牛犊不怕虎的勇气"，使得他顶住压力，开始了研究。

鉴于相关资料较为有限，课题组里也没有太多前人的经验参考，潘豪说他前两年的主要精力就花费在了铁酸铋基介电材料的制备和改性上。没有捷径，只能系统地摸索和优化。从制备温度、氧分压，到退火温度、气氛、时间等，十多个参数一一调试。对于一些关键参数，如氧分压，他使用了极细致的梯度（小于 1 Pa）进行调控摸索，从而成功把握了材料制备的规律，实现了高质量样品的制备。由于样品的特殊性，在测试中他也付出了大量精力改造设备、探索新的测试手段。在这些过程中，他对铁酸铋基材料的性质有了更新的认识，有一些甚至打破了该领域对其的固有认知。好的开始是成功的一半，此言非虚，因为做好这个开始，真的花了潘豪一半的读博时间。

潘豪在厦门参加 2018 年中国材料大会

柳暗花明后，潘豪及其团队的研究进入了一个更加愉悦的阶段。他们在此基础上提出了一种畴工程 (domain engineering) 方法，通过固溶手段将铁酸铋的微米级铁电畴调控为高活性的纳米极化微区，有效降低了材料的介电 / 铁电损耗，从而实现了储能性能的显著提高，储能密度达到 70 J/cm^3，已经接近铅基材料的水平。这一工作于 2018 年在期刊 *Nature Communications* 上发表后引起广泛关注，成为 ESI 高被引论文。更进一步地，他们结合热力学理论和相场模拟，首次提出了一种多形态纳米畴设计（polymorphic nanodomain design）思路，通过适当的成分调控，在铁酸铋基介电薄膜中实现了菱方和四方共存的多形态纳米畴结构，在保持高极化的同时有效降低了介电损耗，提升了击穿强度，从而实现了储能性能的大幅提升，达到 112 J/cm^3，超过铅基材料的最高水平。该介电材料在一亿次充放电循环后没有明显的性能衰退，且在 −100 ～ 150℃ 的宽温度范围内保持稳定的性能。这些性质为其实际应用打下了良好的基础，相关工作 2019 年 8 月在线发表于期刊 *Science*。

抢夺科研的国际话语权

在潘豪及其团队的 *Nature Communications* 文章发表同期，英国皇家工程院院士、剑桥大学材料系教授 Judith Driscoll 带领的团队也在另一高水平期刊上发表了类似的工作，其所用的材料体系也是改性的铁酸铋。潘豪主动分享起这个故事，他说道，"这一方面让我感到欣喜，世界最先进的研究组也看到了这个体系的潜力，证明我们的研究思路是对的；另一方面也让我深深地感受到科研竞争的激烈和巨大压力。"科学是无国界的，但技术有先后、科学家有祖国。为祖国争夺话语权的信念和对自身实力的自信让潘豪加快了自己的研究步伐，期待在竞争中成长和胜出。功夫不负有心人，潘豪团队的最新工作在 *Science* 上见刊并申请专利时，Judith 组的新工作才刚刚投出。更有意思的是，2019 年年初潘豪阴差阳错地获得了到 Judith 组访问一年的机会。第一次与她见面时，她便赞扬了潘豪高效和丰富的成果，并期待一起推进本领域的更多进展。目前他与该组研究人员已经开展合作，在若干合作中取得了不错的结果。

正视失败，享受科研

潘豪认为他的博士生涯中，最大的收获不是几篇文章，而是这一过程中能力的提升和志趣的明晰。他坦言，"科研并不总像故事一样有趣，更多的时候是失败、迷茫和重复。"但是，山回路转、柳暗花明后的成功是最有成就感的。博士毕业后，他将继续从事科研、继续攻克科研难题。

高昕宇：
从瘦小伙变成健身达人，还学会了"在南极盖茅草棚"

　　高昕宇，电子工程系 2014 级直博生，师从戴凌龙副教授，研究方向为面向第五代移动通信（5G）系统的低射频复杂度毫米波大规模 MIMO 技术。博士期间以第一作者或第二作者（导师一作）身份发表 SCI 期刊论文 8 篇，EI 会议论文 10 篇，申请国家发明专利 2 项（已公开）。曾获通信旗舰会议 IEEE ICC 最佳论文奖、全国研究生电子设计大赛总决赛一等奖。

　　高中时，瘦小的高昕宇显得有点不起眼，但他找到了两个挚爱：数学和健身。每周，他都从数学老师那里讨几道难题做个思维"体操"，还坚持去健身房"撸"两次铁。2014 年，高昕宇本科毕业后被推免进清华读博。他的研究方向常与数学打交道，而且在这个园子里也有很多"撸铁"的地方。"如此一来我每天都可以做自己喜欢的事，我觉得很幸运。"他说道。

打基础：合抱之木生于毫末，九层之台起于累土

　　来到清华园的第一天，高昕宇就定位了园子里的健身房，并在朋友圈"打了卡"。从此，他开始了前两年"累并快乐着"的生活。这期间，高昕宇延续了本科生活的作息，把生活安排得十分紧凑，每天的轨迹基本就是上课、吃饭、实验、健身。高昕宇对自己的时间规划非常严格，若工作就全身心地投入，绝不磨磨蹭蹭。他还说，平常科研中特别要拒绝"手机的诱惑"。如果每次进了实验室，时不时玩一会儿手机，时间就会在细琐中溜走。

　　打基础要能坐得住科研的"冷板凳"。博一上学期，高昕宇曾尝试写过一篇论文投 SCI 期刊。但是，由于科研基本功不够扎实，导师第一遍修改时，红色的批注一

度比论文的字还多，就这样前后经过了导师十次的批注指导才终于投稿。这件事让高昕宇深刻领悟了基础的重要性，这些基础不仅包括极具创造性的技术内容，更包括富有逻辑的语言表达能力。"对于一篇论文，不但要有有趣的'灵魂'，还要有好看的'皮囊'，因为文章是写给别人看的，不是自娱自乐的。你写出的文章，如果自己都看不懂，别人就更不可能看懂。"

从此之后，高昕宇开始了自己"苦行僧"式的科研积累之路。他要求自己每天无论有多少课程，都必须精读三篇 IEEE Trans 论文，在学习技术内容的同时，还要把文中漂亮的逻辑表达、语词语句摘抄下来，并每两周进行一次归纳总结。渐渐地，通过上百篇论文的阅读积累，他不仅掌握了通信最前沿的研究方向，更领悟到了写文章的要点，比如对已有工作不要简单罗列，而应该按逻辑分类，每段文字的第一句话要高度概括本段内容等。这些技巧，在他后来的科研之路上发挥了重要的作用。

回想这两年，高昕宇说："那段日子虽然我主要精力都放在了专业基础知识的学习上，成果并不多，但我觉得，正是这些基础让我逐渐找到了科研的感觉。同时，这些经历也告诉我，在科研的路上不要好高骛远，把目标定得太高，这样很容易频繁地失败，而让一个人的自信心快速崩塌。相反，如果一步一个脚印地磨炼自己，你会发现每隔一段时间自己都会有一点进步，这样反而更能激励自己。"

选方向：宁在南极盖草屋，不在城市建高楼

博二快结束的时候，高昕宇终于感觉自己"上道"了。从那时候起，他开始尝试确定自己的研究方向。但是，即使基础打好了，找方向也并不容易，一开始他选了十几个"感觉还可以"的方向，但和导师交流之后都被一一否决。导师戴凌龙副教授对他说："昕宇，我不认可你的那些想法，不是不认可你的能力，而是这些方向都已经是热点的方向，相关文章已经很多。作为清华的博士，我们不应该只寻求在北京盖高楼大厦，而应该学会在南极盖茅草棚。简单发文章不应该是你该追求的东西，你要做开创性的工作，这样才有真正的影响力。"

导师的一席话，点醒了高昕宇，方向就这样被导师"逼"了出来。高昕宇选择了第五代移动通信（5G）系统中最为关键的，但也是国内外研究尚浅的毫米波大规模 MIMO 技术。该项技术因具有更宽的通信带宽与更高的频谱效率，被业内公认为

是 5G 最为关键的革命性技术之一。但该技术需要复杂的射频链路，功耗巨大。简单估算，若按现有射频结构搭建 5G 大规模 MIMO 基站，其年耗电量将相当于半个三峡水电站年产电量。要突破这一瓶颈必须对收发信机结构进行革命性的改变，有难度；而国内外当时尚无有效的解决方案，有挑战。在和导师讨论之后，他们达成了一致的意见："就是它了。"

这之后，高昕宇经历了近一年的"阵痛期"。这期间，他没有任何成果，有的只是屡败屡战。直到博三下学期，高昕宇终于取得了突破——对曾经主流的全连接阵列化整为零，设计了基于子相控阵列的毫米波 MIMO 结构。同时，他还从理论上严格证明了子相控阵列的性能损失，并提出了相应的传输算法以达到上述理论极限。相关工作最终可提升约 30% 的系统能量效率。

不过，胜利的喜悦还未持续多久，高昕宇便得知他基于这一成果所投稿的论文一审意见多达 60 条，有的审稿人甚至对论文里的一些仿真结果亲自做了验证。面对审稿人的严格要求，高昕宇坚信自己的研究是有价值的，前后写了 64 页的回复信（response letter）来回复审稿人的意见，阐述自己工作的价值。最终，这篇文章成功发表在了通信领域顶级期刊 IEEE JSAC 上，并在后来的 2 年内被引用 240 次。

高昕宇（左）获通信旗舰会议 IEEE ICC 最佳论文奖

高昕宇的研究并未停止于此，在论文发表后，他又想起了导师曾经对他的教导"要在南极盖茅草棚，而不要在北京盖高楼"。他明白，如果继续在现有成果的基础上写理论文章，最后也只是在自己的论文数量上加个 1 而已。论文不重要，重要的是影响力。既然自己论文中的理论结果已经受到了别人的认可，为何不尝试把自己的理论成果转化成硬件实物，进一步扩大它的价值呢？

在和导师交流后，高昕宇又开始朝着硬件实现的方向进一步深入转化研究成果。一开始进展非常不顺利，因为硬件与软件完全不同，高昕宇不仅要重新学习全新的编程语言，还要考虑实际的诸多非理想因素，比如功率放大器的非线性，移相器的频率选择性等。"但是，之前的科研经历告诉我，想要做出有影响力的成果，寂寞与痛苦是不可避免了，我所能做的唯有坚持。"高昕宇这样说道。终于，经过近一年的努力与尝试，高昕宇所在的实验团队成功搭建了硬件仿真平台，并在 2018 年中国研究生电子设计大赛中荣获了全国总决赛一等奖。在从理论向实际转化的研究中，高昕宇进一步验证了自己先前提出的理论，这也使得他渐渐萌生了毕业后到企业工作的想法，把自己的所学切实发挥到实处。"国家也需要做实业的人，作为清华的学子，我们责无旁贷。"

高昕宇和所在实验团队搭建的硬件仿真平台

谈爱情：练就"男友臂"为了强身健体，也为她的到来

读博期间，高昕宇除了把科研搞得有声有色，健身爱好也没落下，体重 62 公斤左右的他卧推已经可以推到 100 公斤。而健身，不仅让他拥有了强壮的体魄，也让他在偶然间收获了自己的幸福。申文情是高昕宇的同门师姐。他们最初只是在学术

上讨论一些问题，并没有"来电"。博二的时候，两人聊到健身的话题，发现彼此有同样的爱好。但是申文倩一直没有毅力坚持，于是提议高昕宇去健身的时候带上她一起去。

于是，两个人常在健身房里，一起谈谈健身，聊聊实验。高昕宇科研中的一些想法，师姐申文倩经常能提供一些有用的意见，而对于如何健身塑形，高昕宇当然也"不吝赐教"。很快两人相互熟悉起来，成了无话不谈的朋友，情愫就这样慢慢积累。后来申文倩去美国留学，两人开始了异国恋。结束异国恋后，两人在这个园子里相互陪伴，感情也越来越笃定。

申文倩和高昕宇

找秘诀：优秀就是把一个习惯坚持十年

和高昕宇交流发现，他就是一个低调、理性又坚持的人。他小学、初中、高中、大学的起点，都不是最优秀的。在清华，他也不是所谓的天才，但是却能坚持过着"苦行僧"般的生活，把时间管控到极致，把底子打得厚实，一次次地去验证，做出优秀的成果。导师戴凌龙副教授评价高昕宇"做事情不急躁，但执行力强，给他一个项目和截止日期（deadline），他肯定提前完成"。对于健身，他更是有着十年的坚持，让瘦小的自己变得强壮，雕琢出健硕的臂膀。

对于 2010 年参加高考时的语文作文题目《仰望星空，脚踏实地》，高昕宇仍能顺口说出。也许，这八个字，就是他内心所一直秉持的东西：不忘星空，却能淡定笃行。

**路尧：
因为热爱，风雨兼程**

路尧，交叉信息研究院2014级直博生，师从金奇奂教授，研究方向为基于离子阱平台的量子计算与量子模拟。读博期间，他主要负责并最终搭建完成国内首个全可控多离子量子比特计算系统。

对于路尧来说，无论是从北大保研到清华，还是走上量子计算这条科研道路，都源自2012年夏天的一系列"偶然"；而在冥冥之中，又似乎有些必然。大二下学期，为了申报本科生科研项目，他漫无目的地寻找着自己感兴趣的课题，一次偶然的机会，他在图书馆的书架上遇到一本有关量子计算的书籍，被这个当时还不算火热的方向深深吸引。当时他就读的北大物理学院并未在这个新兴方向开展研究，本以为没有机会尝试这个方向的他，又因为一次偶然，结识了一位从北大物理学院保研到清华的学长，并被这位学长带到交叉信息研究院量子信息中心。时隔七年，路尧依然清楚地记得，在清芬园附近的临时实验室里，他第一次了解到离子阱系统、第一次目睹真空中被囚禁的单个离子时的心情；也几乎是从这第一次相遇，他便决定留在金奇奂教授刚刚建立不到一年的实验室。

崭新的实验室意味着一切几乎从零开始。从理论知识的学习，到系统的调试和维护，忽然从本科生近乎"过家家"的实验课踏入真实的科研实践，路尧面对的一切都充满挑战。这也激发了他不服输的劲头，不仅在北大选修了几门相关的研究生课程来提高理论知识水平，并且有空就往清华的实验室跑，疯狂汲取着与实验系统有关的各种知识和技能。2014年从北大物理学院毕业并保送到清华时，他了然于胸的不仅是往来千次的成府路，更是实验系统的诸多细节。

　　研究组内的良好研究氛围也为他在科研上的快速起步提供了有利的条件。实验室的每一个人都充满了紧迫感，晚上十一二点时大半个组的人都在是常事，导师更是经常在实验一线陪大家奋战到深夜。初建的实验室资源有限，而组里的每一个人都有着等待验证的想法，为了充分利用资源，路尧和师兄们以三班倒的方式排满了实验系统的全部机时，一分钟都不舍得浪费。这段"艰难"的时光换来的是快速地成长，得益于此前打下的良好基础，在博士一年级时，路尧便独立完成了自己的第一个实验项目。

　　路尧的博士生涯有个不错的开头，却又似乎有些高开低走。他陆续参与了几个项目，也有了几篇合作的文章，却始终没有能够让他自己满意的成果。在国际交流中，他更是深深感到与国际领先水平的差距。

　　能够同时控制的量子比特数目是进行量子计算的"硬件"基础。国际领先的实验组已经可以对 2 ～ 5 个量子比特进行控制的时候，路尧所在的研究组还仅仅只能操作一个。尽管作为刚刚建立几年的实验室，取得的进展已经足够让他们骄傲，但这样的差距还是令路尧沮丧——就好像竞争对手已经开始打算盘了，而他还在掰手指计算。如何才能实现一个更大规模的量子计算系统？这个问题一直萦绕在路尧心头。与利用现有实验平台进行模拟、稳妥地产出论文相比，他更期待着优化实验系统，来做一些更有趣的事，真正站在与国外顶尖同行同台竞技的舞台上。

　　从"零"到"一"的过程中，他们依靠的是导师所带来的技术；而从"一"到"二"甚至到"五"，他们都几乎没有实战经验，只能靠自己摸索。实验平台的优化和性能提升可能要耗时很久，现有的工作也需要暂停，谁也不知道这段毫无产出的日子会持续多久。但好在路尧的导师金奇奂教授对此非常支持，他清楚地看到实验系统的提升能够为研究带来的巨大好处。就这样，金老师的实验室里挤出了一个平台，路尧与几个师兄弟一起，开始尝试搭建多离子量子比特系统。

路尧在实验室搭建实验系统

路尧参加国际会议介绍自己的海报

2017 年年底，国内首个拥有五量子比特的全可控量子计算系统在金奇奂教授研究组搭建完成，路尧终于开始在自己亲手搭建的实验系统中，开始了自己的第二个实验项目。而这时，距离他完成上一个独立实验项目，已经过去了整整三年。有了与国际前沿水平接轨的实验系统，路尧终于可以从"掰手指"进化到"打算盘"，而在这个自己搭建的"算盘"上，他想做一些别人没能做到过的事。

对计算性能的追求是实现真正量子计算机必不可少的一环。纵然量子计算机在解决特定问题上可以远快于经典计算机，但量子计算机在实际运行中的潜能并未完全开发。在以往的实验研究中，往往只使用单量子比特或双量子比特操作来执行量子算法，这就如同在算盘上只能做加减法，想算乘法时只能转化为连加来计算，这种较为低效的操作极大地限制了复杂任务下量子计算机的表现。而路尧想要做的就是实现系统中多个量子比特的全局纠缠门，如同利用珠心算口诀，使在算盘上直接做乘除法成为可能。这一目标的实现将极大地提高量子计算机在实际运行中的速度。国际上的同行同样对这一课题虎视眈眈，但在以往的实验实现中，由于对量子比特操控的自由度不足，并未能实现可扩展的全局纠缠门。

路尧喜欢把他搭建的系统比作他自己的"孩子"，他熟悉这个孩子的每一点脾性，从激光器的每一个零件，到光路中的每一个转弯，他都知道怎样让这个淘气的"孩子"乖乖听他的话。在这个他无比熟悉的系统中，每一个参数都可以精确地调整，让他可以随心所欲地用激光操纵系统中的离子，控制每一对量子比特的纠缠和变化。与搭建系统的漫长奋战相比，只用了不到一年时间，路尧和同组的同学们便成功构建了并实现了一种可扩展的全局纠缠门方案，并在系统上进行了多达四个量子比特的实验演示。

在 2019 年年初的一次学术交流中，路尧向到访清华的一位领域内著名教授介绍了自己的实验成果，同行的肯定让他激动不已；而在与另一位同行的通信中，这项工作也得到了高度评价。路尧在这位教授的鼓励下，将该实验文章投稿到 *Nature* 期刊上，4 个月后文章即被接收。这篇文章的全部作者都出自清华大学量子信息研究中心金奇奂教授领导的离子阱量子计算团队，是实打实的"清华创造"。

路尧博士学位论文答辩会

从第一次踏进量子信息实验室，到和导师、师兄们一起几乎从零开始搭建系统，到对国外同行的模仿、追逐，再到终于站在国际前沿，中间流转过七年的青春年少，和无数个在实验室度过的日日夜夜。路尧团队在努力追赶，国际同行也在大步前进。2019 年 10 月，谷歌官宣了一台 53 量子比特的超导量子计算机。53 比 5，这对路尧来说又是一针"兴奋剂"……

清华园的生活即将结束，路尧的量子计算之旅才刚刚开始。

施博辰：
在"共振"的学术道路上
行稳致远

施博辰，电机系 2017 级直博生，师从赵争鸣教授，研究方向为电力电子混杂系统动力学表征。其研究针对多时间尺度瞬态过程难以认知和表征的瓶颈问题，突破了时间离散的固有观念，提出了解耦型离散状态事件驱动建模仿真方法，使得大容量电力电子系统仿真效率平均提高两个数量级，可表征的时间尺度拓展到纳秒级。相关理论成果发表在 *IEEE TPEL*、*TIE*、*Engineering* 等电力电子领域顶级期刊上；作为主要支撑形成了首款国产通用电力电子仿真软件 DSIM，打破了该领域的国外垄断和禁用限制，在全球 12 个国家和地区的 200 多家单位得到推广应用，被国际专家评价为"使不可能的仿真成为可能"。

因为这些突出的创新工作，施博辰作为中国高校首次获奖学生先后斩获了 2021 年全球唯一的国际大电网委员会（CIGRE）最佳博士论文奖和英国工程技术学会（IET）国际研究奖学金。2021 年 4 月获得日内瓦国际发明展大会特别嘉许金奖（第二完成人、学生第一完成人），2021 年 6 月获得清华大学研究生"学术新秀"称号。曾任电机系七字班新生带班辅导员。

一头扎进"世界性难题"

施博辰从本科大四就进入了电机系赵争鸣教授带领的大容量电力电子与新型电力传输研究团队开展科研工作。"电力电子用'电子'加'电力'极大地提升了人类对电能的控制能力。据估计，到 2030 年全球 80% 以上的电能都要靠电力电子实现变换和控制。所以我坚定地选择电力电子作为博士研究方向。"施博辰回忆道。"本科毕业设计时，导师给了我几个课题的选项，其中不乏实验室已经成熟的研究方向。

若选择这些方向，我就可以在师兄师姐已有工作的基础上迅速起步。但是导师又特别向我介绍了瞬态动力学表征这一全新课题，这既是课题组刚刚启动的我国电力电子领域首个国家自然科学基金重大项目的基础性研究，也是目前大容量电力电子面临的主要瓶颈问题之一。"

当时赵争鸣教授介绍道，"目前即便是国际先进的电力电子仿真软件也不能有效实现大规模电力电子系统的全时间尺度表征，要么仿真耗时极长，要么不能收敛，从而导致实际装置故障频发。"课题组就曾因为缺乏有效的仿真工具，在研制高压变频器时连续发生故障，每次要烧坏大约 12

在实验现场合影留念

支相连的 IGCT 器件，这在价格上相当于烧掉了一辆桑塔纳小轿车。更严峻的是，已有的工业仿真软件全部被国外垄断，且受到近年来中美关系的影响，美国已经对我国多个单位实施了相关仿真软件的禁用限制。也就是说，即便这些仿真能力非常有限的分析工具，我国也尚未实现自主可用。

了解到这一课题的重大意义和迫切需求后，施博辰马上和这一研究方向产生了"共振"，想着"要做就做最有意义、最有挑战性的事情"。他当即向赵争鸣教授表态，以瞬态动力学表征作为博士研究课题。尽管赵教授也提醒他，这一世界性难题做不成的概率很大，甚至可能影响如期毕业，但他还是带着初生牛犊不怕虎的精神，从本科毕业设计开始就一头扎进这一研究中，一干就是五年。

在"共振"中坚韧攻关

尽管施博辰选择了一个与自己"共振"的课题，但真正做起来才体会到导师所说的"世界性难题"是什么意思。大容量电力电子装置往往包含几千个功率开关器件，每个开关每秒动作几万次，每次动作都伴随一个纳秒级瞬态过程。施博辰在现有瞬态建模和数值解法的基础上进行了艰苦探索和尝试改进，但收效甚微。其间有近两年的时间几乎没有明显进展，也没有发表一篇文章，如此下去甚至可能会影响如期毕业。施博辰几次产生了"换一个课题"的念头。但是回想起当初的澎湃热血，想到这一课题的重大意义，又想到自己对攻克这一难题的渴望，他一直咬牙坚持，满脑子都是如何突破现有方法的瓶颈问题。

作为他的领路人，导师赵争鸣教授在这一成长和突破的关键时期给予了至关重要的指引。"记得当时要建立功率半导体器件有效实用的瞬态模型，这是对电力电子系统进行纳秒级瞬态仿真解算的基础"，施博辰回忆道，"但是如何从根本上解决发散问题，成为一个最大的瓶颈。我在现有方法基础上艰难探索了几个月，仍然没有取得明显的效果。"施博辰记得，为了解决这个挡在面前的"拦路虎"，赵争鸣教授始终工作在第一线。那段时间他推掉了其他所有事情，花了大量时间深入思考，提出了"状态离散""机理解耦"的新思路。"一天早上，我收到导师发来的邮件，他按照这一思路推导了 IGBT 的瞬态分段模型，推演了几十个公式。这一方法不同于瞬态建模的传统技术路线，使我一下子豁然开朗。"施博辰回忆起当时的感受，仍然记忆犹新，"因为那段时间我每天想的也都是怎么突破固有观念，通过前期的艰难探索也逐渐定位到现有方法的瓶颈问题，所以一看到导师提出的新思路，我马上意识到这个思路很可能蕴含着一个重大突破，能够真正解决纳秒级瞬态表征的问题。"沿着赵教授开辟的新思路，又经过了大量的推导、改进、演化和验证工作，施博辰提出了"分段解析瞬态"（PAT）建模方法，将大容量、大规模电力电子系统可建模表征的时间尺度拓展到纳秒级。该成果被国际专家评价为建模仿真领域的"突破性进展"。

回忆起这段经历，施博辰认为这一"突破性进展"源自自己选择了一个"共振"的、发自内心想要投身的学术课题，源自一定要解决这个难题的坚定决心和长期的坚韧攻关，更源自导师身体力行的引导和"突破固有观念、从底层转变思路"的关键性指导。通过一系列与导师并肩攻关的经历，施博辰逐渐形成了与导师的特殊默契，这也是一种导学的"共振关系"。"就像电路里面，电感和电容的谐振才能激发出最大的能量。与导师在一起时，我感到我们形成了一种'共振'，我们的想法、思路和工作能够互相激发，形成一种正向的反馈，最终在科研工作中迸发出最大的能量。"

施博辰（左）与导师赵争鸣教授（右）在实验现场讨论

团队合作，形成通用软件

这种"共振"的状态同样存在于施博辰所在的研究团队中。为了开发出一套基于理论创新成果的通用仿真软件，施博辰与朱义诚、虞竹珺、鞠佳禾等几位团队成员集体攻关，在西主楼的工作室内连续奋战。他们紧密分工、互相鼓励，调通了几十万行程序代码中无数个 bug（漏洞），形成了首款国产通用电力电子仿真软件 DSIM。后来又有贾圣钰、萧艺康等更多低年级的同学加入团队，继续 DSIM 的研究工作。

作为当时团队年级最高的博士研究生，施博辰承担起"学生召集人"的角色，协助导师组织 DSIM 的研发工作。在这一过程中，整个团队也形成了同样默契的"共振"。"不管是学术还是生活上，我们的'共振频率'都很匹配。有时一句话刚说了一半，甚至只要一个眼神或者动作，团队其他人就能明白对方想表达什么。"正是这样的紧密合作和特殊默契，促进了研究团队成员的共同成长，也推动了 DSIM 这一成果获得国内外的广泛认可。

相比国际软件，DSIM 不仅打破了国外的垄断，求解速度在相同精度下平均提高了 100 倍以上，根除了发散问题，可表征的时间尺度拓展到了纳秒级。应用于兆瓦级电能路由器中，在相同精度下仿真时间由 4 小时缩减到 12 秒，很好地支撑了该装置分析设计的全过程，大大提升了实际工程的可靠性。目前，DSIM 已经捐赠给哈尔滨工业大学和海军工程大学等受美国制裁而导致软件禁用的高校，服务于航天舰船电力牵引等科研工作中，满足了我国国防军工领域自主可控电力电子仿真软件的需求，产生了很好的社会影响。

2021年，在英国工程技术学会（IET，创建于1871年）国际研究奖学金的面试答辩过程中，IET的国际专家对施博辰的博士研究工作和DSIM软件产生了浓厚兴趣，进行了长达40分钟的提问，最终赞叹"中国工程教育以及研究水平显著提高，大量青年技术人才涌现"。国际大电网委员会（CIGRE，创建于1921年）也将施博辰的博士论文研究工作评价为"对电力电子系统的数值建模和仿真做出了根本性的贡献"。

研究团队部分成员（右三：施博辰）

在"共振"的学术道路上行稳致远

回顾成长经历，施博辰觉得走一条与自己"共振"的学术道路至关重要，包括方向的"共振"、与导师的"共振"和团队的"共振"。"我觉得清华的博士生首先要坚定地选择一个发自内心认可、真正有意义且愿意投入一切来坚韧攻关的方向，也就是一个'共振'的方向。这样的方向通常非常具有挑战性，也会有很多诱惑阻碍着我们，比如其他方向不确定性更小、更容易发文章、更顺利出结果等。但是年轻就是应该敢闯敢拼、敢于挑战，这样即便没有取得最终的突破，我们也能做到青春无悔、不负韶华。"施博辰最后总结道，"与课题的'共振'让我热爱科研事业，始终坚韧攻关；与导师的'共振'让我在各方面迅速成长，取得底层突破；与团队的'共振'让我有信心集中力量，攻克难关。面向未来，我希望继续沿着这样一条'共振'的学术道路，坚定地勇往直前，行稳致远。"

史凯特：
她来自澳大利亚，在清华拿了特奖

史凯特（Kate Smith），澳大利亚籍，环境学院 2015 级博士生，师从刘书明教授，研究方向为城市水安全：水 - 能耦合机制。博士期间以第一、第二作者身份在本领域顶级期刊发表 SCI 论文 8 篇，获得实用新型专利 1 项。

2011 年，史凯特从墨尔本大学毕业后来到中国，先后在南宁、台北学习中文，2013 年开始在清华攻读环境科学与工程学硕士，2015 年开始攻读博士。在清华这几年，她不仅运用自己的专业知识在山西饮用水除砷公益项目中提出切实可行的解决措施，还在中澳青年之间搭建起交流沟通的桥梁。导师刘书明教授评价说："史凯特在清华的成长过程是环境学院这几年构建全球环境人才培养体系的缩影，也是清华大学国际化人才培养的一个缩影。希望她毕业后能够带着清华的精神，继续攀登，为环境保护做出更大贡献。"

技术落地雄安新区："我喜欢往前走"

"那天，我收到了有史以来最长的一封中文邮件。"史凯特的导师刘书明教授回忆道。"她说她想在我的课题组读硕士，虽然她本科不是环境科学专业，但邮件写得非常认真，读到最后的署名我才发现，这是一个外国学生。"

史凯特主要的研究内容是用水能耗，目的是减少供水和污水系统的能耗，减少温室气体排放。她认为，现在水资源紧缺，海水淡化、污水处理、调水的耗能问题在中澳都存在，所以这方面的研究对两个国家都具有非常重要的意义。

在刚刚进行研究时，史凯特做的是调查供水系统的电耗情况。由于水从水源地到居民家中要经过取水、处理、输配等很多环节，而在中国，取水有时跨越大山、河流，所以从水源地到水厂、从水厂到用户的配水过程中，耗能问题显得十分突出，史凯特针对这些问题进行了深入的研究。

但研究到一定程度后，史凯特觉得自己进入到了瓶颈期，"我不知道接下来该往哪个方向做，但我又无法放弃现有的成果转做其他领域，"她说，"但我喜欢往前走。"

这时，处于瓶颈期无法突破自我的史凯特回到了澳大利亚并在政府实习，同时也会和同事一起讨论可能的研究方向。史凯特说她想通过实习尽量接触不同的人与不同的行业，为自己带来更多新鲜的想法。

史凯特展开调研

那一年，在和导师与同学们的交流及文献的阅读中，史凯特感到，"好像我研究的方向就慢慢变得清晰了"。据她了解，在一些高层小区中，把水从地面提升到 20 层甚至 30 层的时候耗能非常大。从水厂到小区的能耗数据可以从发布的数据中看到，到了小区之后二次供水一般由物业负责，这部分能耗无不会被精确测算。于是她就这部分能耗展开了调查，并去实地收集数据计算出了不同二次供水模式的能耗，详细调查并刻画了整个供水系统的能耗足迹。目前，她提出的供水系统能耗的优控方法已被应用于雄安新区的供水管网规划。

"她非常清楚自己要什么，发现问题会立即采取行动。"史凯特的导师和她的朋友都这样评价她，"她的学习习惯非常好，课后有问题会追着老师刨根问底，是我们课题组最刻苦的学生，经常被我当作榜样教育中国学生。"她的导师笑道，"不过她真的是非常较真，有一次接到骗子电话，我看见她义正词严地告诉骗子，你们这样做是违法的。"

坚持、执着，有时甚至有些较真儿，但同时又喜欢发现与探索，这些个性支持着史凯特一路走来。实习时，她发现澳大利亚政府做决策的方式非常有意思，他们会先做一个很不成体系的报告交给领导看，得到修改意见后进行修改，如此修改多次。这让她认识到，"在不知道怎么做的时候，先做是最重要的"。她认为这样会省掉很多不必要的纠结。

对于自己的经历，她总结道，"我解决困难的方法可以说是等待。但这个等并不是说每天什么都不干，而是去干一些其他的东西，去看、去听、去和别人讨论、去往前走。幸运的话，问题的脉络就会渐渐显现出来。"

搭建中澳青年沟通桥梁:《泡菜薯条遇上炸酱面》

走出实验室，史凯特是园子里国际学生们的引路人，是中澳交流的青年使者。

在清华园，作为一个已经在园子里待了五年的"老人"，史凯特想到，为什么不用自己的经验来帮助这些刚来到园子里的国际学生呢？她积极参与到国际学生的管理中，助力学校的国际化人才培养。史凯特说国际学生更能了解国际学生，知道他们的需求，了解他们的困难。为此，她广泛搜集了世界其他知名高校的国际学生管理方法，针对国际学生群体在培养环节中碰到的困难，提出改进建议，为新来的国际学生提供了极大的方便。

2016 年，史凯特创立了环境学院国际学生大使项目，通过这个项目，史凯特和她的团队将报到、选课、实验仪器操作等过程中常遇到的问题，整理成英文小册子发放给新生。她的小册子被同学们亲切地称呼为"百宝书"。

走出清华，史凯特搭建起中澳青年交流的桥梁。2015 年，史凯特入选"中澳千禧计划"，参加中国—澳大利亚青年对话。2017 年，她参加了北京大学燕京学堂主办的全球青年中国论坛，还参加了"一带一路"倡议下"贸易互通"的重要成果——北非摩洛哥中国贸易周。

谈及为什么要参加到这些项目里时，史凯特说："我想了解在中国和澳大利亚之间，这些青年人在各自不同的领域具体做了什么贡献。"青年之间的交流不只是一句口号，一场会议，而是两国之间许许多多青年人具体的行动和努力。3 年过去了，她和参加"中澳千禧计划"时的同伴依然保持着密切的联系，在自己觉得疲倦和找不到方向的时候，通过和这些伙伴们聊天，她感到"他们总能给予我专业的指导，提供很多新鲜的想法。"

来到中国的这些年，史凯特到处走，到处看，有一天，她的韩国朋友"凌波微步"问她，要不要和自己一起用笔记录下这一切，出一本属于自己的书，史凯特的第一反应却觉得，"这可能吗？"但这种迟疑并未延续太长时间，在和"凌波微步"的沟通中，许多经历在史凯特脑海里——浮现，二人一拍即合，还联系了插画师毛天骅，把他们书中的故事画成插画，这本《泡菜薯条遇上炸酱面：洋博士中国留学记》应运而生。

《泡菜薯条遇上炸酱面：洋博士中国留学记》封面

在采访中，史凯特的老师和同学都会特别提起这本被豆瓣评价为"有趣""接地气""积极"的书。"凌波微步"认为，史凯特是作为一个忠实的倾听者与记录者，怀着极大的热情去感受中国跟澳大利亚的种种文化社会差异。而在史凯特看来，这本书也可以说是自己在中国生活的一个缩影。时至今日，她依然能清楚地回忆起其中的一些细节，比如爱上中国的四个原因：出行方便、有安全感、缝补衣服便利，以及大家出门都经常带伞。史凯特笑道，"其实自己很怕晒，但在澳大利亚并没有人会为了防晒打伞，能来到中国真的很幸福。"

脚步踏及山西农村："用自己的能力为世界带来改变"

"你知道吗？她特别敢想敢做，她去过打工子弟小学支教，还去过脑瘫病人康复中心做志愿者。"史凯特的导师刘书明教授感慨地说，"当时我刚知道的时候很震惊，没想到一个国际学生来到中国还可以想到并且亲自去做这样的事情。"

热心公益仿佛成了史凯特的一个标志，其中最有专业性和代表性的，就是她2015—2016年担任清华大学学生清源协会会长期间，史凯特组织团队到山西平遥一个村庄开展为期6个月的饮用水除砷公益项目。

当时，清源协会和太原理工大学的项目组合作在山西解决水质问题，对方项目组一名同学的老家在平遥一个村庄，他反映很多人都觉得水质很不好，于是史凯特就带领项目组去进行调查取样。而测试结果却让他们有些意外，因为问题并不在于村里人所说的水很臭、有杂质、有颜色等可见的问题上，而是无色无味的砷指标超标。虽然这一点和村里人所说的水质不好并不一致，但是这却是个与健康密切相关的严重问题。

于是项目组在村里装了 6 个滤池来做实验，30 来个人前前后后用了近 6 个月的时间探索制作过滤设备的方法。史凯特回忆，当时他们住在村外的青年旅馆，做实验找管道时常常会迷路，还有很多村民并不是很理解他们在做的事情，他们就向村民解释这个砷具有致癌性，一定要控制这个指标。

虽然项目组的目的是减少砷含量，但村民还是很在意水看起来怎么样。水从过滤设备的大过滤池出来会接触铁钉，混杂很多杂质，村民们很不放心。有天晚上，其他人在平遥古城游览，史凯特就自己一个人在青年旅馆想怎么解决这个问题，"我就突然就想到可不可以在大过滤池外再接一个小过滤池，杂质就会少很多。"第二天，项目组把这一想法付诸实践，效果很好，后来这样的过滤设备在村内进行了批量装配，并申请了专利。

然而史凯特强调，这个过滤设备也只是一个权宜之计。从根本上解决水质的问题需要建设水厂，但村庄的一些人不愿意因此支付较高的水价，只能直接从附近砷含量较高的井里引水，所以他们价格低廉的过滤设备有了用武之地。史凯特总结道，在现实中做产品的时候，不可能都是理想状态，需要综合考虑用户的情况以及很多现实问题，才能更好地把自己的专业知识应用到实践中。

在来来回回的接触中，史凯特也跟当地村民熟络起来，村民们也对这个国外来的清华博士有说不完的家常话。"有一天她从山西回来跟我聊天，说起'妯娌'这个词，说是兄弟各自妻子之间的称呼，我很惊讶她怎么会知道这个，原来都是村民们和她拉家常时她学会的。"史凯特的导师刘书明教授有点哭笑不得。

和史凯特同一时期在清源协会的同学认为，"史凯特是用做科研的严谨态度去对待社团工作的。"她说，"史凯特很有耐心，建造慢滤池的时候，取水样、测水，每一步要注意什么她都会跟我们讲得清清楚楚。她对清源做的每一个项目都很有信念感和责任感，她很相信自己倾注在这里的心血会给农村地区的人带来有意义的改变。""用自己的能力为世界带来改变"是清源协会的核心精神，也是史凯特自己的信念。

史凯特去村民家调研

研路弘毅篇

　　"非弘不能胜其重，非毅无以致其远。"本篇中的学子，他们勤学慎思，明辨笃行，他们抱负远大，融入主流，投身国家发展大局，如置身投入攻克"卡脖子"技术的王泽同学。他们甘坐"冷板凳"，把红旗插上科学的高峰，如潜心铸造科研利器的鲍昌华同学。他们挑战人类极限，为了全人类的福祉而奋斗，如立志于解决世界级难题的白蕊同学……

　　研究生的生活注定不可能是一帆风顺的，清华大学"自强不息，厚德载物"的校训激励着一代又一代的"清小研"们在各自的道路上披荆斩棘，攻坚克难。他们的故事在蜿蜒曲折的道路上，涌现出一批又一批"行胜于言"的清华研究生。在学习生活的困难面前，他们充分发扬了拼搏奋斗的精神，不怕苦不怕累，为了心中的理想，不断奋斗，克服困难，最终取得了胜利的果实。他们的故事在清华园四处流传，他们的拼搏精神激励着后来的学生不畏艰难，勇攀高峰。研路弘毅篇中的学子就是其中的杰出代表。

陈筱蒿:
为实现"双碳充电",为
培养人才赋能

陈筱蒿,化学工程系2018级直博生,导师为张强教授,研究方向为下一代高安全、高比能锂电池。其成果揭示了影响锂沉积均匀性的决定因素,解析了非活性锂的形成机制,提出了基于亲锂化学的分子设计策略,实现了高能量密度锂金属电池的构筑,相关工作发表在国际顶级期刊 *Advanced Materials*、*Angewandte Chemie* 等上。曾任校团委科创中心主任、校学生科协主席、"星火计划"12 期带班辅导员等。曾获国家奖学金、第 15 届全国"挑战杯"特等奖、"一二·九"辅导员奖等荣誉。

从尝试到坚定

大二学年,陈筱蒿通过本科生研究训练计划(SRT)进入化工系张强教授课题组,开展高比能电池的研究。成长于一个"四世同堂"的团队里,她深切感受到了"大鱼前导,小鱼尾随"的理念:每一代都承载着不同的时代使命,但不变的是为国家需要做科研的初心与信仰。

在这样氛围的影响下,陈筱蒿本科期间就跟随导师开展了面向国家重大需求的科研项目"高能量密度电池"的攻关。在日常的研究中,她深受导师的指引和影响。"张老师非常忙碌,但向来乐于对我们的科研进行指导。在讨论科研方向时,他从不会直接指派,而是耐心地给我讲述背景需求、政策走向,引导我去思考和选择。"在张强教授的指引下,陈筱蒿体会到了做研究的使命感,也立志"把论文写在祖国大地上"。

怀着这种初心，她获得了针对实际需求发现问题、解决问题后的畅快淋漓，也逐步明确了未来继续结合国家需求做高水平学术研究的人生理想。"我一想到若干年后实用化的高比能电池设计中可能有自己工作的痕迹，就无比的兴奋！"陈筱蒿说道。

陈筱蒿（中）和导师张强（右）、师兄张学强（左）在实验室

科研中"打怪升级"

科研入门后，针对高比能电池的负极设计，陈筱蒿提出了更多的关键问题，也观察到诸多有意思的现象。例如，如何在原子尺度上实现亲锂位点的精确排布，如何从原子尺度实现到宏观电极的理性设计？为何电池中有的锂呈现球状沉积，有的长成枝晶状？等等。"这样的过程就像打怪升级，有一颗迫切的事业心让我想走向终点，还有一颗强大的好奇心使我想看看沿途的风景，一探究竟。"

"打怪升级"的路上并不是一帆风顺，"装备技能"的更新迭代至关重要。在科研中，陈筱蒿也体会到了科研工作的辛苦和不易。电池装配实验需要在手套箱里完成，她最长每周曾在手套箱里操作五十余个小时，手套的不透气性使得手会因大量的汗水而泡白起皱。同时，亲锂分子的合成、光滑紧致极片的涂覆、复合负极构筑、失败电池数据的分析……走向"大 Boss"的每一步都要踩过片片荆棘。

导师的指引和支持对陈筱蒿的科研启蒙有关键的推动作用。"张老师非常勤奋，经常能收到他夜里 12 点和早上 5 点回复的学术讨论邮件。我时常感慨，要是我有他一半的努力就好了。"陈筱蒿谈道。在导师潜移默化的影响下，她越挫越勇，沉下心去不断探索。几年下来她累积留下了 24 本实验记录本，装配了 8000 多个纽扣电池，终于在高比能的复合锂金属负极上取得重要突破，形成了一系列研究成果并发表在了领域类顶级期刊上，总计被引用 1700 余次。

清华传达学习科学家座谈会精神会议研究生代表发言

从独舞到共舞，"双肩挑"促成长

2017 年，大四年级的陈筱蒿获得全国"挑战杯"（以下简称大挑）特等奖。大挑的备赛过程，是她第一次真切地紧密围绕产业需求去思考自己的科研工作，全方位锻炼了她的材料撰写、答辩与随机应变能力。她在课外科技活动中收获了、成长了，也希望能帮助更多的同学成长成才，于是在研究生阶段主动成为"双肩挑"辅导员，围绕本科生创新人才培养开展相关工作。

2018 年成为大挑辅导员后，她从全校千余个学生项目中精心选拔、细心指导，一对一、一对多的指导开展了共计 200 余次……一年半的时间，她把每一件事情做到了极致，最终清华大学代表队也取得了 2019 年全国"挑战杯"团体满分夺冠的历史最好成绩。成绩是一方面，更欣喜的是所有参赛作者们在"挑战"的过程中和两年前的她一样，收获了、成长了。生命科学类项目作者航院 2019 级硕士生李奇钟 2021 年也获得了研究生特等奖学金，机械与控制类作品作者 2019 级车辆学院直博生秦宇迪和信息技术类作品作者 2019 级电子系直博生武楚涵将作品推向了产业……

"和同龄作者们一起奋斗的经历，让我找到不同方向志同道合的朋友，也找到了挚爱。能在不同领域为新能源而奋斗是非常充实与幸福的！"

第 16 届全国"挑战杯"团队（左八：陈筱蒿）

为了让更多同学们在课外科技活动中成长，她在校科协主席和校团委科创中心主任的岗位上，着力做好更群众性的科技赛事与各类科技支持计划，将帮助自身成长的思政引导、"科教融合"与学科交叉融入具体工作中。她带领校科协举办了首个"赛课结合"的比赛，营造了校园多尺度学科交流平台，一线参与了本科生创新人才培养的支持体系建设。

一边是科学研究，一边是学生工作，在两种工作状态下切换的陈筱蒿付出了极大的努力。高比能电池的研究实验强度高、周期长、危险性大；辅导员工作时如"穿针引线"，时如冲锋陷阵的"尖刀班"。无数个无人打扰的清晨与深夜，有她在实验室奋战的身影；在大大小小科技活动的间歇，有她打开电脑跟踪最新文献的模样。"科研和社工的底层逻辑其实是一致的。我很庆幸成为一名辅导员，在学习如何做创新人才培养、如何办各类科技活动的同时，我也开拓了研究的视野。"

走出去，脱胎换骨的蜕变

新冠肺炎疫情居家科研期间，陈筱蒿系统学习了习近平总书记在《我是延安人》中的专访讲话。总书记在专访中提到，梁家河的插队经历对他自身发展来说是一个标志界定的阶段，他从这段经历中获得了升华与净化，有一种脱胎换骨的感觉。

习近平总书记的讲话使陈筱蕾备受鼓舞，作为一名共产党员，她深切感受到了走向基层、走到人民群众中的重要性。

因此，在征得导师同意后，陈筱蕾在新冠肺炎疫情期间进入到湘潭市扶贫办进行实习，真正走入基层和人民群众中，用自己的知识和能力对扶贫和乡村振兴工作做出贡献。在走向乡镇企业、走向田野的过程中，她真切地看到了逐步摸索、调整、发展起来的"全面小康"事业。"这个过程远比新闻报道、书本上了解到的艰难得多。我也对国家的发展有了新的思考和理解——这个包含 6 亿农业人口的 14 亿人口大国，在迈向'共同富裕'伟大目标、实现'碳达峰碳中和'发展战略的征程中，一定需要持续推动科技创新、技术革命、啃硬骨头，一定需要从上至下地推行产业革命。"

中国乡村振兴网报道

回顾起这段经历，陈筱蕾体会到了一种"脱胎换骨"的感觉。这样的蜕变也内化成了一种力量，激励着她不断练就过硬本领，埋头苦干、勇毅前行。面向未来，陈筱蕾将继续在能源高效存储领域深耕，为"碳中和"的伟大事业而奋斗，为人类永续发展贡献一份清华力量。

鲍昌华：
给电子拍个万亿分之一秒的"电影"

鲍昌华，物理系 2016 级直博生，师从周树云教授，研究方向为量子材料的电子结构和超快动力学。读博期间研制了一套可变光子能量的超快时间分辨角分辨光电子能谱仪系统，该系统使得研究万亿分之一秒超快时间尺度上的电子结构超快动力学成为可能，达到世界领先水平。此外，利用这套独特的系统对石墨烯的电子结构进行了深入研究，首次在石墨烯中实现了手征对称性破缺这一重要物理效应，并在超快时间尺度上观测到了石墨烯中的电声耦合作用，为实现新奇量子物态提供了新的可能。

曾以第一作者和共同第一作者在 *Nature Reviews Physics*、*Physical Review Letters*、*National Science Review*、*Nature Communications*、*Nano Letters* 等顶尖期刊上发表论文。曾获研究生国家奖学金、清华大学物理系任之恭奖（奖励在实验物理方面优秀的学生）、Young Scientist Prize（国际会议 RPGR2019 选评）等荣誉。

科研初探，小试牛刀

"学习完朱邦芬院士的固体物理课程后，我就被固体材料中的新奇物理效应深深吸引。这些材料中的大多数新奇物理来源于它的电子结构，例如石墨烯的很多新奇性质归根结底由它的线性狄拉克锥电子结构所决定，因此电子结构可以被称为是材料的'基因'。"鲍昌华说道，"基于爱因斯坦光电效应的角分辨光电子能谱（ARPES）是探测材料电子结构的一项强大的实验技术，可以给材料中的电子拍摄'照片'。物理系周树云教授是这一领域的专家，因此我很高兴加入了她的研究组。"

得益于物理系基科班的独特培养模式，鲍昌华在大三就进入了物理系周树云教授的课题组开展科研训练。他除了上课就是泡在实验室，深入参与到科研工作中。从在实验室"打杂"开始，通过不断观摩和参与组内师兄的实验、不断学习实验技术理论知识以及国际最前沿的科研进展，鲍昌华逐渐成长起来并开始主导独立的科研课题。"记得当时有一个实验需要避免环境光的干扰，于是我和师兄两个人就关在小黑屋里奋战了几天几夜，几乎分不清外面是白天还是黑夜了。这些实验结果后来也成为了我人生中第一篇学术论文。"鲍昌华回忆道。在这个过程中，他被凝聚态系统所衍生出来的丰富的电子物态所吸引，对量子材料的电子结构这一前沿研究领域也产生了浓厚的兴趣。

在物理系学堂班计划和导师的支持下，鲍昌华在大四的时候赴法国巴黎同步辐射光源中心 Soleil 开展石墨烯电子结构的研究。他利用具有百纳米级空间分辨能力的角分辨光电子能谱（NanoARPES）研究多层石墨烯的电子结构，首次成功揭示了三层石墨烯中所有堆叠序列的完整电子结构，相关成果以他为第一作者发表在了顶尖期刊 *Nano Letters* 上。正在读博士一年级的鲍昌华因此获得了研究生国家奖学金，此番科研上的小试牛刀也让他对自己充满了信心。在谈到如何入门自己科研领域时，鲍昌华说道："就像我导师周树云教授常说的那样：做科研就要努力把自己放在司机的位置来控制方向盘，而不是像乘客那样坐着看风景。只要做到这一点，我相信大家就能够很快地进入到科研人员的角色中来。"

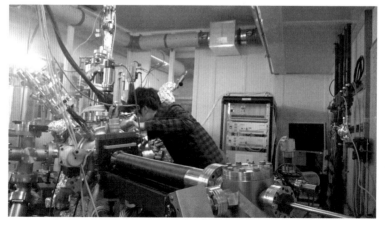

鲍昌华在法国巴黎同步辐射光源实验室进行实验

"甘坐冷板凳"，潜心铸造科研利器

高光时刻之后导师周树云教授让他做出选择：是再试几把"小刀"，还是去铸造一把"宝剑"呢？这把宝剑指的是搭建一套世界领先的科学仪器，把角分辨光电子能谱从"照相机"变为"摄像机"，给电子拍摄动态的"电影"。探索电子结构在万亿分之一秒的超快时间尺度上的演化对于开展国际前沿的科学研究是至关重要的，而"做最重要的科研"也是他和导师的共同追求。鲍昌华毫不犹豫地选择了去铸造这把宝剑，也为自己选择了不那么容易的学术之路。

这是一个规模庞大、结构复杂、设计精密的实验系统，全世界还没有经验可以直接借鉴。在四年研制过程中，他遇到了很多的困难，也总结出了一条实验定律：放弃幻想。例如他在寻找转瞬即逝的电子信号时，曾因为心存幻想，没有仔细严格地花费时间去测量激光所行走的距离，而是想着碰运气，反而花费了更多时间且没有找到信号。后来他放弃幻想，从根本的物理原理出发去思考，把每个细节都做到极致，一步一个脚印地克服一个又一个困难。在读博士三年级的时候，鲍昌华研制的仪器终于拍出了第一段电子结构在万亿分之一秒时间尺度上的动态"电影"！该系统的技术指标达到世界领先水平，为科研提供了新的机遇，也在国家科研仪器自主化的道路上迈出了一小步。"在仪器研制过程中，我不仅增加了对先进仪器技术的掌握，还在不断发现和解决问题的过程中增强了自信心，在和各色各样的人打交道的过程中增强了沟通能力，完成了从一名坐在课堂学习知识的学生到一名负责任、有担当的清华人的跨越。"鲍昌华这样说道。

鲍昌华与其研制的科学仪器

博观而约取，厚积而薄发

仪器研发和科学研究形成了良性互促的状态。在搭建先进科研仪器的同时，他在科学研究方面也取得了多项重要进展，在 *Nature Reviews Physics*、*Physical Review*

Letters、*National Science Review*、*Nature Communications*、*Nano Letters* 等顶尖期刊上以第一作者和共同第一作者发表多篇高水平学术论文。他觉得科研中非常重要的一点是善于提出问题,"当你迷失在大量的实验数据中毫无头绪时,提出一个好的问题往往会成为关键的突破口,有问题就会有答案。"鲍昌华这样说道。

"我最喜欢的一个研究成果是在石墨烯中首次实现了手征对称性破缺。"鲍昌华说道,"手征对称性破缺是基本粒子质量的起源,在标准模型中具有重要意义。"石墨烯提供了一个在凝聚态材料体系中实现手征对称性破缺的理想体系,该设想自从2000 年理论学家提出之后就备受关注,然而目前实验上仍然缺乏手征对称性破缺的确切实验证据。鲍昌华通过在石墨烯中插入锂原子实现了手征对称性破缺,利用角分辨光电子能谱观测到了狄拉克电子的质量产生。此外,他还发展了一种新的实验方法,直接揭示了之前无法测量的电子手性,提供了手征对称性破缺的实验证据,为研究质量起源提供了一个新的平台。这一工作发表在物理学领域顶级期刊 *Physical Review Letters* 上,并被选为编辑推荐文章。美国物理学会的 *Physics* 杂志刊发表了Viewpoint(观点)文章对该工作的科学意义进行了评价:"该工作证实了长久以来在凯库勒石墨烯中提出的手征对称性破缺这一理论设想,展现了角分辨光子能谱对于探测复杂材料的拓扑性质的独特能力。"*Physical Review Letters* 期刊审稿人评价:"该工作将会是石墨烯物理领域的里程碑之一。"紧接着,他又在这个石墨烯体系中,成功捕捉到了百飞秒时间尺度上电子随时间演化的"电影",首次揭示了石墨烯中电子 - 声子耦合作用在电子超快弛豫过程中的关键作用。

鲍昌华在实验室调试飞秒激光

不忘初心，砥砺前行

回顾读博期间的成长历程，鲍昌华把它总结为三个阶段：从"小试牛刀"到"甘坐冷板凳"再到"厚积薄发"。他一步一个脚印，从一个科研"萌新"成长为一个科研工作者，践行了"自强不息，厚德载物"的清华校训。鲍昌华最后总结道："在清华学习的近十年里，世界一流的科学家和科研平台让我在基础科学研究的道路上行稳致远，直至世界的最前沿。未来我将继续投身祖国前沿科学研究和科技强国建设，不忘初心、砥砺前行，为实现中华民族伟大复兴的中国梦书写清华故事！"

马誉高：
做核动力巨浪里的一朵浪花

马誉高，江西赣州人，工程物理系 2017 级博士研究生（清华大学与中核集团核动力研究设计院联合培养），研究方向为热管冷却反应堆，师从黄善仿副教授和余红星研究员。曾获得北京市 / 清华大学优秀毕业生、国际核工程大会 Best Paper Award 和 People Choice Award 奖项、国家奖学金、蒋南翔奖学金等荣誉。

初心：从红土地到清华园

中核定向生是清华学子中一个相对特殊的群体，马誉高正好也来自一片具有红色基因的土地——江西赣州。

"记得我本科入学时，第一次参加集体活动就是在新清华学堂观看《马兰花开》。演出结束时，我和身边的同学都在抹眼泪。邓稼先先生和老一辈们的故事，在那时就像一颗种子播种在我的心里。"马誉高说道，"我那时候就想，如果我也能为祖国核事业作些贡献，哪怕是微薄的贡献，都将是无比幸福的事情。"在之后的定向生双选会上，马誉高选择到中国核动力研究设计院（以下简称"核动力院"）继续自己的联合培养博士学业。在某种意义上，正是受到了优秀前辈的精神感召。

和大多数在校内完成学业的博士生不同，马誉高攻读博士阶段的大部分时间是在核动力院度过的。即使如此，他在联合培养期间始终保持两边不断线，走出了一条独特的成长轨迹。

"在离开学校去往成都的前夜，我发了一条朋友圈，写的是'下天山，闯荡江湖'，满满的'中二'气息。我那时候信心很足，摩拳擦掌地想做出一点成绩，但现实给了我迎头一棒。来到核动力院，在最初一段时间，我其实是不适应的。"由于工作的特殊性，单位对网络及电子设备有着严格的限制，这让马誉高意识到了核动力院和学校截然不同的研究环境。白天在单位演算和思考，晚上回宿舍上网下载和阅读文献，成了他最初的科研模式。

马誉高所做的课题方向与热管反应堆探索相关，这类反应堆采用高温热管传热的固态反应堆，无论是自然力的循环方式还是全固态的堆芯结构，都是传统反应堆设计未曾遇到的。在热管堆研究的这条赛道上，美国的科研院所走在世界前列，并已取得了原型堆实验的突破；相比之下，当时国内的研究还处于起步阶段，还有大量从"0"到"1"的工作需要攻克。

马誉高在户外进行实验

"选择这个课题后，身边的师兄师姐都私下跟我说，'这个课题没有积累，前期会经历大量的试错，这个过程会很挣扎。'单位导师余红星老师起初对我在这个方向的研究成果期待也很低，只是让我多调研文献，做一些跟踪研究。但我那时候觉得自己是带着清华优秀毕业生的荣誉来的，内心还是有点小骄傲，所以暗下决心一定要做好，甚至要在某些方面做得比美国的学者还好。"回忆起那段心路历程，马誉高也感觉自己有点"不自量力"。但正是这样一种信念，促使马誉高开始沉浸在文献的海洋，像海绵一样汲取国内外的热管堆研究进展。

"因为只有晚上才可以在宿舍上网查阅文献，我那时候总感觉夜晚太短，时间不够用。从我宿舍到单位的班车一趟要四十分钟，来回接近一个半小时，我舍不得浪费这段可以用来看文献的时间，就从宿舍搬到了单位对面的公寓。"这种"舍不得"也成为了马誉高的驱动力，很长一段时间里他都工作到凌晨 1 点后才休息。那时马誉高还在协助学校导师指导 SRT 小团队以及本科生，他们惊讶地发现，无论多晚都能联系上学长，甚至凌晨 12 点后都还"在线答疑解惑"。

"这是我最纯粹地去做一件事情的日子，也是我感觉最无助的一段时间。"马誉高回忆道，"那时候身边的人一直有一个错误的印象，就是觉得我做了不少工作，应该发了不少文章。但其实我发表第一篇热管堆文章用了 3 年时间。"没有成果的日子让马誉高落差很大，本科期间他曾连续三次获得国家奖学金，但在博士阶段的前两年，他没有再获得过校级荣誉。

在这段时间，双方导师都鼓励马誉高走出自己的圈子到别处去看看。国内热管堆的研究团队如同雨后春笋，很多高校也在探索与积累后产出了先进性的成果。马誉高去过西安交通大学、上海交通大学、四川大学、重庆大学、成都理工大学等数十所高校交流学习，也去过多家工厂了解制造和工艺信息。这是被他自称为"吃百家饭"的阶段，在频繁的走出去见识和不断的思想交流碰撞中汲取"营养"。

也是在这段"潜水期"，马誉高搭建了热管堆系统分析工具的雏形，并逐渐摸索到了"能做得比美国学者更好"的方向。

马誉高与实验设备合影

"热管堆系统分析工具，是我最重要的工作。从模型到实验，从丝网芯到热管，到堆芯，再到系统，累计 2 万行代码和近 20GB 的实验验证数据，凝聚了我课题里所有的努力。最终也是在项目团队的集智聚力下，实现了分析工具从雏形框架到实验验证再到工程应用的蜕变。"

"拥有每一行代码的自主知识产权"，这是项目团队自豪的评价，而研究过程中产出的"热管堆核热力耦合模型与方法"，也让马誉高在国际核工程大会上获奖。"这是我博士研究的一个重要转折，就好像武侠小说中打通了'任督二脉'一样，我迎来了学术上的高产期。"凭借在热管堆研究领域的系列创新性工作，马誉高连续两年获得了博士生国家奖学金。

如果说这一路的成果是海面上一座小小冰山，那淹没在水下都是未曾化为结果的尝试和努力。"每当这时，我都会想起那时《马兰花开》里的场景，激励着我不忘初心、砥砺前行。"马誉高的眼神始终清澈坚定。

纽带：从"一个人"到"一群人"

得益于联合培养模式，马誉高往返于清华与核动力院，还起到了连接人才的纽带作用。他通过线上线下的科研分享，吸引了一批清华定向生来到核动力院继续深造或就业。"我其实有些'社恐'，有时候和本科生分享自己的选择和科研经历时还会因为紧张打哆嗦。但这种从'被点燃'到'去点燃'的过程，也让我有了更多志同道合、相互激励的朋友。"

这样一段从清华到科研院的研究经历，让马誉高不仅能看到园子里的景色，也看到了园子外的天地。

在双方导师的指导和陪伴下，投身热管堆研究的多个春秋冬夏里，马誉高在学术期刊上发表了一系列的工作成果，但他觉得更重要的是自己的成长。

这数年间，马誉高穿梭于国内高校、科研院所和工厂，结识了各类人、扮演过各种角色。他是制造厂交流时的"马工"，是高校访学时的"马博士"，也是研究团队里的"小马哥"。每种角色或许意味着不一样的责任，但始终如一的是他对热管堆研究的热忱和对祖国核动力事业建设的赤子之心。

马誉高（左排第三）与本科定向生交流与聚餐

博士毕业后，马誉高将继续留在核动力院，继续从事热管堆等新型反应堆研究。"做核动力巨浪里的一朵浪花"，是他的追求。

"自强不息，厚德载物"是清华人的风骨，"理工结合，又红又专"是工程物理系的育人理念，而"强核报国，创新奉献"是新时代的核工业精神。不知不觉中，这三者的同频共振，也促成了马誉高独特的人生轨迹。祝愿这样一名单纯又执着的青年，未来能成为核动力事业的优秀人才。

李奇钟：
"予机器以温情"

李奇钟，中共党员，航天航空学院（以下简称"航院"）飞行器设计所 2019 级硕士，师从郑钢铁教授，主要研究方向为手术机器人的复合导航控制。曾获第十六届"挑战杯"全国大学生课外学术科技作品竞赛一等奖（分组第一）、第十届"挑战杯"首都大学生课外学术科技作品竞赛特等奖、清华大学抗击新冠肺炎疫情先进个人、清华大学科技之星奖学金。

以兴趣为导向，以问题为目标

本科来自自动化系，却在读研时选择了航院，对于李奇钟来说，自动化和航天航空具有很强的关联性。

"我本科时曾经参加过郑钢铁老师指导的 SRT 项目，对课题组的研究方向有一些了解，而且研究课题与我的学科背景和个人兴趣都很契合，也是在这里，我第一次走上了科研之路。推研之前，郑老师找到我询问意向，而我则是向往已久，就这样我们一拍即合。"

在李奇钟眼中，导师郑钢铁教授不仅是领路人，也是倾听者，既是指导他攻坚克难的学术导师，也是教会他豁达乐观的人生导师。

"我们课题组有着非常宽松自由的研究氛围，每天上午导师都会准时出现在办公室，和我们聊聊最近的见闻、快乐和烦恼，许多学术的交流就藏在这些日常的闲聊之中，经过这样的'暖场'，大家既进入了工作的状态，还偶尔能从沟通中得到新的灵感。"

由于有许多的项目细节需要向导师汇报，为了提升效率，他也经常和导师进行线下沟通："一般都是我攒够问题之后找郑老师当面请教。而通常在讨论了半个小时的技术问题后，郑老师还要再'拖堂'十分钟交流生活，我非常享受这样的家常时光。常常是我带着疑惑甚至是沮丧的心情走进郑老师的办公室，走出办公室回到工位上又干劲十足，也许这就是郑老师特有的'魔力'吧。"

对于李奇钟来说，科研和迷茫总是相伴相生的。在刚开始科研的时候，由于知识面窄以及经验的缺乏，主要的时间用在了解决"是什么"的问题上，有时翻阅大量文献只为弄清楚某个名词术语，却发现对自己的研究主线毫无帮助。但收拾好沮丧的心情后，他马上就踏上了新的研究之路。随着知识和经验的积累，迷茫更多来源于解决"为什么"和"怎么样"的创新型问题，难度更大，但攻克难题带来的成就感也就更强烈。

他是这么解释为什么选择手术机器人作为自己的研究课题的："一是导师从与长庚医院医生偶然的沟通中得到了课题的灵感，二是在了解了课题的必要性和紧急性之后，我结合自身的学科背景考虑，认为其中的问题虽然很难，但又能隐约看到解决的希望。虽然这种若有若无的可能性偶尔也会把我带到毫无头绪的死胡同里，但经过两年的研究，我也逐渐摸索出了一些辨别死胡同的规律和跳出死胡同的方法，而成果往往就是在这一次次自省中累积而成。我相信只要保持理性和热情，答案就在那里。"

研究是"予机器以温情"

对医疗机器人的研究过程也并非一帆风顺。李奇钟对医疗机器人的研究开始于两年前，时值项目参加首都挑战杯比赛获得特等奖，并将代表学校出战全国大学生挑战杯（以下简称"大挑"）。大挑备赛的口号是"把事情做到极致"，也意味着要付出巨大的努力。但要想在生命科学类的众多作品中脱颖而出，仅有专利论文作为支撑是远远不够的，对于医疗器械而言，最公认的检验标准就是动物实验。

首都挑战杯与大挑之间只隔了不足五个月的时间，而当时的技术水平还远远达不到动物实验的要求，其中最难解决的就是器械在活体中操作的安全性。彼时只有国外的大公司有完成动物实验的先例，但他们靠的是专业的工程师团队多年攻关，这种方法无法复制，只有想办法另辟蹊径。

"给我灵感的是航天的力学知识，通过对某非医疗场景的类比，我摸索出了一条基于柔性体建模控制的新路，一举打破了国外的精度纪录，最终成功在距离大挑不足一月的时候完成了动物实验。安全性作为手术机器人破局的关键，其实现方式正是通过赋予操作以柔性，让机器可以像人类一样充满温情。"

怀着这样一个特殊的理想，李奇钟研制的机器人有了巨大的突破，带来了许多优点。开发的机器人使用了全新的操作方式，降低了医生的学习门槛，提升操作效果；全新的控制算法，保证了手术操作的精度和安全性。相比于传统的手术方式，机器人操作可大大降低 X 光辐射给医生带来的健康损害；相比于同类的其他产品，他研制的机器人更加高效、安全和低成本。

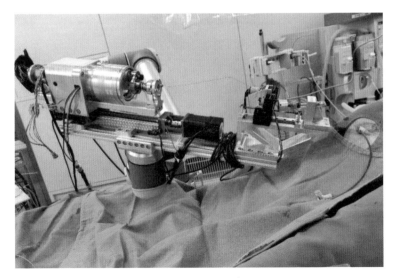

介入手术机器人动物实验现场

若有战，召必回

2020 年 1 月，新冠肺炎疫情暴发，作为一名有相关研发经验的清华人，作为一名共产党员，李奇钟毅然选择返校抗疫，参与医疗机器人的研发任务。

"在接到返校邀请时，我正放假在家，所以第一时间与父母分享了消息。当时疫情刚暴发不久，大家从医学原理上对病毒还不够了解，对于疫情的未来走向也是众说纷纭，虽然担心，但父母仍然对我的选择表示支持和理解，这是我能踏上逆行返校之路的原动力吧。"

回到学校后，李奇钟与同伴在系馆大厅不分昼夜地工作，困了就在沙发上和衣而睡，把所有的精力投入研究之中。为了检验机器人的可用性和安全性，他冒着感染风险进入长庚医院病区进行测试，只为获取第一手实验数据。为了节省穿脱防护

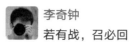

南充·南充高坪机场

2020年1月30日 16:48　删除

李奇钟在朋友圈的宣誓

的时间，他曾在病区里连续工作 10 个小时，即使 N95 口罩在脸上留下了深深的压痕，口干舌燥的痛苦麻痹了神经，但他仍然选择了坚持。

李奇钟进入长庚医院病区测试设备

最终，李奇钟率领团队用 31 天就突破所有难题，完成了样机研制。并且为了挽救更多的医生和病人，团队在第一时间公开了所有技术内容。

立足现在，走向未来

本科时李奇钟就作为院系体育骨干，负责组织自动化系的"马杯"工作，不仅结识了一大群热爱体育运动的好朋友，还养成了跑步锻炼的习惯，他觉得每天跑步

是放松和自我调节的主要手段。此外，他很喜欢历史与旅游，尤其喜欢探寻一些很冷门的古迹。

他给我们提出了一点小建议："'读万卷书行万里路'，虽然在疫情时代，行万里路已成奢望，但不妨碍利用闲暇的时间多读书，等阴霾散去，再游遍祖国大好河山。"

李奇钟也有着将技术成果转化的想法。他觉得，科研既有面向基础理论的，也有面向实际应用的，但他所在的课题组属于后者。为了尽可能服务更多的人，为更广大的人民群众带来福祉，创办公司并将研究成果投入实际生产势在必行。

李奇钟外出旅游留影

李奇钟所在课题组与多家公司达成了合作意向，并联合制定了阶段性实验目标。受访时他说道，"我的研究中一个核心的目标在于实现手术的远程化，如果能广泛应用，对于打破城乡之间、发达与落后地区之间的医疗资源不均衡有着重要意义。这是一项值得用一生为之奋斗的事业。"

最后，他也给师弟师妹们提出了一点自己的建议："希望师弟师妹们不要过早给自己设限，在找到自己真正愿意为之长久奋斗的事业之前，广泛探索、多多尝试；而一旦确定了方向，就要做好坐冷板凳的准备，动心忍性，增益其所不能。"

关超宇：
努力探索追寻人工智能的
通解

关超宇，计算机系 2019 级硕士生，师从朱文武教授，研究方向为自动机器学习。攻读硕士期间在自动机器学习领域展开了纵深立体化研究，从学术研究、学术竞赛以及学术开源三个方面推动了自动机器学习的算法性能、可靠性和泛化性的发展。由于在相关领域取得突出贡献，他在国内外十余所顶尖高校的激烈竞争中脱颖而出，荣获 2021 年"西贝尔学者"称号，并于同年获得华为奖学金。

相识 Auto，初绘未来

目前，机器学习算法效果严重依赖于模型的构建方式和超参的调试。早在本科阶段，关超宇便开始尝试面向自然语言处理的机器学习算法研究，也深深困扰于繁琐的建模和调参工作。大四关超宇进入实验室实习，听到朱文武教授关于自动机器学习相关研究的介绍，了解到实验室在这个方向有了一定的积累。他耳目一新，"觉得这是未来机器学习的一个重要发展方向"。

近年来机器学习的发展趋势也充分验证了他的观点，自 2017 年谷歌提出了神经网络架构搜索的概念（自动机器学习的一个重要分支），这一领域的研究受到了越来越多的关注。当前，自动机器学习得到的算法效果在某些领域已超越了人类设计的算法，自动机器学习也成为了人工智能领域的重要研究方法之一。

刚加入实验室研究自动机器学习时，关超宇经历了一段困顿磨合期。"比较羞涩，举目无亲"，他这样形容当时的自己。由于不太好意思麻烦身边的同学和老师，遇到问题也就藏着掖着自己啃，这种方式严重影响了学习和工作的效率。朱文武教授察觉到了这个情况，组会上便主动询问每位同学的最近进展以及困难，也特意鼓励了关超宇。在导师和学长的帮助下，他逐渐主动起来，"作为学生，我觉得不管是生活还是研究上，有什么问题找导师沟通是非常有帮助的，尤其对内向的同学来说，恰恰是寻求帮助的过程会进一步拉近学生和老师之间的距离"。

"在入门的时候，导师和学长对我的帮助是非常大的。"初入科研，他有着许多值得铭记的时刻。本科毕业设计时期，张文鹏学长向他分享了许多自动机器学习的资料，手把手带他入门；随后张文鹏学长也成为了他自动机器学习领域赛事的引路人，使他得以通过系列实战迅速摸清该领域的发展脉络。第一篇文章产出时，朱文武教授不厌其烦地多次为他梳理文章思路，并不断地从多个方面提出可能存在的问题；王鑫老师更是耐心地逐字逐句帮助他修改文章……

"我的导师非常和蔼，乐观开明，对实验室同学的科研生活非常关心。虽然他有时候会比较忙，但还是将参加组会讨论作为优先级最高的工作之一，努力引导我们从更高的角度思考整个研究领域的问题。"实验室的良好氛围和师长同学的鼓励成为了他最坚实的后盾，激励着他不断挑战极限，攻克领域难题，逐步深入自动机器学习的核心研究。

渐入佳境，攻坚克难

"Significant relevance and importance"（重大相关性与重要性），这是 2021 年人工智能方向最顶级会议 ICML 审稿人对关超宇的工作作出的评价。

关超宇致力于自动机器学习的算法研究，其成果大大提高了人工智能机器学习的泛化性和效果，相关成果以第一作者或共同一作身份发表在 *ICML*、*CVPR*、*ICLR*、*AAAI* 等人工智能领域国际顶级会议及其研讨会上，并多次在会议中作学术报告。他作为 Meta_Learners 队长，带队勇夺国际先进人工智能协会（AAAI 2021）元深度学习挑战

关超宇在特奖答辩现场

赛冠军、神经信息处理系统进展大会（NeurIPS 2021）多域元深度学习挑战赛第一名、国际计算机视觉与模式识别会议（CVPR 2021）轻量级 NAS 挑战赛季军；击败来自斯坦福等顶尖高校的 300 多位强队，在国际舞台展现了清华风采。

"说实话，我对这些科研工作都很满意，当然里面也少不了实验室各位同学的共同努力。硬要说一个最满意的工作，可能是我负责开发的自动图学习开源平台 AutoGL。"关超宇提到的 AutoGL 是世界首个自动图机器学习框架以及开源工具，填补了长久以来自动机器学习和自动图学习之间的鸿沟，极大提升了自动图学习算法的自适应能力和泛化能力。

该库一经上线便获得热烈反响，被包括谷歌 AI、英伟达、CMU 在内的各大高校和企业关注与使用；在开源学术社区收获 700 多颗星标，来自 20 多个国家和地区的用户访问了该项目；引起了国内外媒体的广泛关注与报道，入选深圳市人工智能协会评选的 2020 国内十大人工智能事件。关超宇也被百度、将门创投以及香港机器学习社区邀请作相关方向的研究分享。

关超宇在调试仪器

早在 2020 年年中，他所在的研究团队就开始布局了自动机器学习和自动图学习方向的融合。"我们一致认为一个自动图学习的开源平台是不可或缺的，AutoGL 的研发一方面总结了现有的实践经验，规范了研究方向，定义了自动图学习的相关问题，另一方面也能提供一个平台，支撑后续的实验室研究，向学界分享我们的研究进展。"出于对算法实践的兴趣，关超宇主动承担起了 AutoGL 开发团队负责人的职责。除了基础的分析问题、写代码之外，还要设计开源库的顶层架构、安排成员的分工合作、合理调整进度、统一代码规范等。

科研任务、竞赛压力与平台开发三线并行带来的是繁忙的学习生活，而兴趣与成就感则是支撑他攻坚克难的最大动力。"每天都能够看到自己的进步或者项目的推进，这就是所谓的充实感吧。"虽然披星戴月的研究生活已经成为常态，但每每看到项目又有了新的进展和进步，关超宇就会有一种心满意足的踏实感。

对关超宇来说，在攻关的道路上能有一群志同道合的朋友也是至关重要的。项目的进展并不总像预期的那么顺利，"卡壳"是常有的事。但是大家都不会气馁，反而是进行更加深入的调研和激烈的讨论，在这个过程中自己也会被团队气氛所带动，不觉得面前的瓶颈是个很难的问题。他也是团队气氛的带动者，让人信服的能力和持之以恒的作风是他作为团队领头人的自我要求，"只有这样才能以个人魅力来吸引到其他人和你共同努力，让大家认同这个事情在你的带领下能出色完成。而且，团队骨干也在平时的工作中起到带头作用，队友或多或少都会受到你积极、努力的影响，从而形成一个正面的团队合作氛围。团队成员之间的互相鼓励、共同进步，找到或者'培养'一些'志同道合'的队友比单纯完成一件事情要有意义得多。"

自强不息　AI 报国

日复一日的科研积累和成果凝练是为国家重大需求挺身而出的实力和底气。习近平总书记在党的十九大报告中指出："加强互联网内容建设，建立网络综合治理体系，营造清朗的网络空间。"结合互联网的发展需求，由关超宇带队研发的 AutoGL自动图学习开源平台及其相关算法正在落地应用于阿里巴巴违禁商家风控、腾讯微信朋友圈低俗内容检测领域，为净化网络环境、过滤虚假信息提供了有力支撑。

"希望未来能够充分发挥自己在专业方向所积累的知识，将相关技术真正转化为社会价值。希望自己能够在未来成为一名顶尖的计算机科学家，用人工智能推动社会发展。"

谈及毕业后的安排和规划，他坦言"目前还没有完全确定，这对我来说也是一个重要的决定。我比较喜欢把研究的一些经验和技术在更多的场景中进行验证和实现，进而应用到现实场景中，所以会更倾向于参加工作。但至于是选择一份比较"稳定"的"大厂"offer（录用通知），还是选择更有挑战性的自主创业，我正在做更进一步的评估。我觉得职业选择中最重要的是尊重自己的想法、想清楚自己真正想要的是什么。即使是沿着原来的想法走不通，也能不留遗憾。在考虑具体职业时，也可以多分析自身的优势和国家、行业的需求，我觉得选择能够发挥自己最大社会价值的职业会更有利于国家、社会和个人的发展。"

关超宇鼓励大家："作为一名研究生要敢于去挑战自己的极限，多破局、跳出自己的舒适区，主动尝试一些有难度的事情。"除了学习课程、搞好研究之外，可以多尝试利用自己的研究成果在不同的场景中进行实践，理解自己的研究方向和国家、社会价值之间的联系；也可以主动请缨去主导实验室的一些研究项目，锻炼自己的组织、领导能力；还可以找来自不同领域、不同社会角色、不同年龄阶段的人去多多沟通、交流，开阔自己的眼界、了解他人对于生活的看法。研究生阶段作为校园和社会之间的衔接阶段，兼具两者的优势和机遇，这个时间阶段最适合去探索自己的兴趣和方向所在，认识很多的老师和同学。这些都是非常宝贵的经历和财富。

宋爱生：
我与摩擦和界面电传输的
故事（未完待续）

宋爱生，清华大学机械工程系 2017 级直博生，从事摩擦起源和摩擦界面电传输的研究。曾以第一作者（共同一作）在 *Nature Materials, Nano Letters, Science Advances* 等顶级期刊发表论文。曾获摩擦学重要国际会议 STLE TFC 最佳海报奖（第一名）、CECAM WeSST 会议优秀海报奖、国家奖学金等荣誉。

宋爱生读博期间在马天宝副教授的指导下，针对"低摩擦，低接触电阻"摩擦副设计的世界性难题，开展了摩擦起源的研究工作，提出了基于电子性质涨落（EPF）的摩擦模型，将摩擦起源的理论模型深入到电子尺度。在此基础上，宋爱生开展了摩擦界面电传输理论的研究，提出了基于接触质量（ACQ）的界面电传输模型，预测了"低摩擦、低接触电阻"的超滑电接触，为我国高端电接触摩擦副的自主化设计提供理论支撑，在国际上具有重要的影响力和引领性。

仰望星空，探索摩擦起源的奥秘

摩擦消耗了全世界约 30% 的一次性能源，引发的经济损失占 GDP 的 5% ~ 7%。磨损还引发了 60% 的材料和零部件失效，严重时可能导致卫星、雷达等重大装备整体瘫痪。降低摩擦的前提条件是知道摩擦从何而来。若我国汽车发动机摩擦降低 25%，每年可减少 1 亿吨碳排放，对双碳目标的实现意义巨大。

人类关于摩擦起源的探索已经持续了数百年。早在 16 ~ 18 世纪，达·芬奇、库伦等人就对宏观摩擦开展了研究，提出了广为流传的古典摩擦定律。时至今日，人类对摩擦起源的认识已经深入到了原子层次。

原子尺度摩擦理论的核心思想是摩擦力取决于原子堆垛结构。近年来越来越多的实验现象却表明，即使界面原子堆垛结构十分接近，摩擦力也可能差异巨大。最经典的案例就是美国劳伦斯伯克利国家实验室 Salmeron 教授在期刊 *Science* 上报道的电控摩擦实验现象，证明了即使原子堆垛结构几乎不变，摩擦力依然可以被外场显著调控。这些现象引起了大量理论研究者的兴趣，很多研究工作试图从静电力、势能面等角度解释电控摩擦现象。然而现有理论的适用范围有限，且缺乏定量分析。

宋爱生还记得当初和马天宝老师讨论时提出的观点，"现有研究并没有抓住本质，电控摩擦的本质很可能是电子的行为。"然而他并没有想到，为了证实这句猜想就花费了三年多的时间。

研究电子行为，说起来容易做起来难。诺奖得主 Wolfgang Pauli 曾说过，"上帝创造了固体，魔鬼发明了表面"，材料的表面态极其复杂，到底是哪种电子行为在起作用？宋爱生开始了与"魔鬼"的斗争，先后计算分析了外场下界面的十余种电子性质，不断尝试与摩擦力建立联系，最后却又将它们一个个排除。转眼两年时间过去了。

"到底是哪里出了问题呢？是还有电子行为没被考虑到吗？"当时的宋爱生正在参加社会实践，站在嘉陵江边上看着江中的行船，不禁陷入了思考。突然，眼前的景象给了他启发：在摩擦过程中，原子核就像航行的船只一样，掀起了电子云的"波浪"，而外场就像风一样，改变了电子云的"波浪"，从而影响了原子核的"航行"。这似乎是一种全新的可能性——因为他之前的计算中，从未考虑过外场下电子性质像"波浪"一样的"动态涨落"。

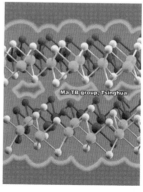

嘉陵江畔的晚风中，江水和行船给了宋爱生摩擦模型的灵感

他似乎看到了希望。但是他马上又遇到了第二个难题：如何定量描述外场下电子性质的"动态涨落"。他本科并非物理专业，初次涉足量子领域深感无从下手。他一方面努力恶补固体物理和量子力学的专业知识，一方面和马天宝老师多次拜访和请教物理领域的专家。半年后，终于提出了一套外场下摩擦力的计算公式。在验证公式的正确性时他有些紧张，担心这次尝试如果失败了，半年来的努力又将回到原点；但是转念一想，毕竟基础研究的目标就是追求客观真相，如果第十九次尝试失败了那就尝试第二十次又何妨，至少又排除了一种错误的想法。随着各种体系的摩擦力和公式预测值不约而同地汇聚在了同一条直线上，随着实验测得的摩擦力图案与公式计算出的结果完全吻合，他明白，这次他终于成功了。

经历了三年多的时间，20 多 TB 的计算和实验数据填满了大大小小的硬盘，推演模型的数百页 PPT 记录下了 10 余种被推翻的假设，只有最后一页记下了唯一成功的结果：基于电子性质涨落（EPF）的摩擦模型。该模型的提出将摩擦起源的理论模型深入到了电子尺度，为困扰学术界多年的电控摩擦现象提供了清晰、普适的理论解释。之后宋爱生与刘艳敏博士合作实现了摩擦系数低至 0.0001 的超滑，创下了当时的世界纪录。

脚踏实地，攻坚超滑电传输的难题

马天宝老师时常教导宋爱生，"机械学科需要做顶天立地的工作。"如何让研究"立地"，真正解决国家"卡脖子"的问题，是宋爱生面临的另一个难题。超滑技术的重要潜在应用场景之一是转动传输机构，例如太阳帆板驱动机构、雷达转台中的导电滑环。这类机构中的关键技术难题是如何使界面保持低摩擦磨损的同时高效传输电流。超滑技术的应用一方面可以大幅降低摩擦磨损，但另一方面也会使界面的接触电阻显著升高，无法满足传输电流的要求。事实上，界面的"低摩擦"和"低接触电阻"似乎本身就是矛盾的，降低摩擦需要两个表面之间的电子耦合尽可能弱，而降低接触电阻却需要电子耦合尽可能强。因此，如何让界面同时具备"低摩擦"和"低电阻"性质，不仅是我国"卡脖子"的技术难题，也是一个世界性难题。

为了攻克这个难题，宋爱生依然决定从基础理论入手，尽管目前还没有适用于超滑界面的电传输理论，现有的经典界面电传输理论"收缩电阻公式"只考虑了触点的尺寸和数量，而宋爱生通过实验现象发现，超滑界面的接触电导与原子的接触状态密切相关，因此不仅需要考虑"接触数量"，还需要同时考虑"接触质量"。为了定量描述"接触质量"，宋爱生再次"转行"，投身于电子隧穿的研究中。在啃下了无数"艰深晦涩"的文献、理论以及同马老师探讨了无数次后，他提出了基于接触质量（ACQ）的界面电传输模型，首次实现了微米尺度超滑界面接触电导的计算。该理论受到美国科学院院士沈志勋教授的认可和应用，并被美国 STLE 会士 Ashlie Martini 教授推广到了黏滑接触状态。

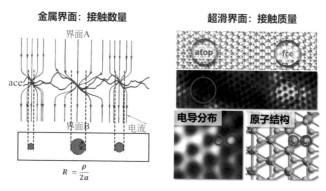

界面电传输机制："接触数量" vs "接触质量"

接触质量理论为提升超滑界面的导电性指明了方向，提升了超滑界面 70% 以上的导电性，预测了同时具备"低摩擦、低接触电阻"的超滑电接触。宋爱生在马天宝老师的帮助下与贵研铂业、昆明贵金属所、中船重工 707 所等多家单位开展了交流和合作，为国产高端电接触摩擦副的选材和设计提供了理论指导。

学术交流，传播摩擦与界面电传输的故事

问起读博期间最享受的事，宋爱生毫不犹豫地说："我非常喜欢和别人交流科研工作。"从摩擦学重要国际会议 STLE TFC、CECAM WeSST、中国物理学会秋季会议，到清华大学博士生论坛、摩擦学国家重点实验室年终学术报告会、机械系学术沙龙，只要是高水平的学术交流活动，无论规模大小宋爱生都会积极参与。"我希望和大家分享摩擦与电传输的奇妙世界，在这里原子核的船在电子的波浪中航行，电子的波浪在界面两岸奔涌传输。我也希望我国的基础研究能够影响和引领世界。"宋爱生说

道，"学术交流的过程让我收获了很多启发性的问题，对完善研究工作的帮助很大。"尤其回忆起曾经和以色列青年院士、特拉维夫大学 Oded Hod 教授的聊天，Oded Hod 教授的问题对他完善接触质量理论有很大的启发。

宋爱生在学术报告会上为大家讲述摩擦与电传输的故事

宋爱生也非常喜欢和同学们交流科研的想法。不管是课题组的师弟师妹，还是其他组的同学，宋爱生都十分乐意分享自己的观点与看法。"有很多做工程的同学和我讨论问题。可能是因为我主要是做基础研究的吧，他们觉得我对很多问题的见解独到且深入。"宋爱生补充道，"我也很喜欢请教做工程的老师和同学，我希望了解我国工程中真正存在的问题，这也是我研究方向的指引。"

学海无涯，展望我和超滑电接触的未来

"我很喜欢清华大学的学术氛围。这里有雒建斌院士、胡元中教授、李群仰教授、马天宝老师这样尽心尽力的引路人，也有高磊师兄、张帅师兄、刘艳敏师姐、史若宇师兄这样优秀给力的合作伙伴。当我科研遇到困难的时候，课题组的老师和同学就像家人一样帮助和鼓励我，机械系和摩擦学国家重点实验室是我坚强的后盾。我也希望毕业后继续留在这里。"说起未来的研究方向，宋爱生认为，"超滑电接触如果能普遍应用会对我国航空航天、交通工具等领域带来变革，而我要做的就是推进它的应用。一方面搭建相关的测试平台，关注实际工况下摩擦和电传输机制，加强与相关企业的合作，推动超滑电接触技术的产业化。另一方面需要继续深入基础研究，摩擦的奥秘还远远没有参透。"

像家庭一样温暖的课题组（第二排左五：宋爱生）

宋爱生与摩擦和界面电传输的故事还远没有结束。摩擦起源的深邃星空在等待着他去探索，诞生于清华园的超滑电接触的种子也在等待他的栽培和传播。

邓悦：
用专业担起热爱，奔赴冬奥之约

邓悦，建筑学院 2019 级直硕生，师从曹彬副教授，研究方向为建筑环境与人体热舒适。在学期间加入北京 2022 年冬奥会和冬残奥会组织委员会，在规划建设部担任场馆和基础设施主管，在张家口崇礼赛区开展长期工作，工作考核鉴定为"优秀"。参与国家自然科学基金项目和十三五"科技冬奥"重点专项课题，设计研发多项改善场馆观赛环境的人体热舒适提升技术，理论研究成果发表于国际建筑环境领域顶级期刊，应用研究成果亮相第 23 届北京科技博览会，冬奥测试赛期间的实地研究工作被《科技日报》等多家媒体报道。

因为出色的学术研究，她先后获评国际室内空气学会 ISIAQ Student Travel Award、中国环境科学学会室内环境与健康分会（IEHB）热舒适学术论坛优秀论文奖，曾获研究生国家奖学金、清华大学本科优秀毕业论文等荣誉。

做更多"更重要的事"

研究生入学之初，邓悦便接到了学校选拔冬奥赛实习生的通知，能够有机会参与到这场国家盛事的筹备工作之中，她十分激动并满怀期待，但与此同时，也因为课业科研和实习的双重任务而感到巨大的压力。"我做一件事总是习惯提前很久计划准备，突然要把为期一年、覆盖两个重要阶段的冬奥实习加进硕士三年的规划里，一时不知道从何处进行调整。"但想到能在冬奥的舞台上践行自己所学的知识，邓悦还是毅然决定参与冬奥会的实习，并与导师沟通征求意见，对国家的号召作出积极的响应。"想要贡献自己的一点力量，想要走出去做更多更重要的事，也会尽自己所能为这份热爱全力以赴"，谈及最初的选择，她的眼神里充满了坚定。

兵马未动，粮草先行。为了能够在研二、研三期间投入大量时间到冬奥实习中，同时保证校内课业任务和硕士课题的进度不受影响，邓悦将学习与科研工作前置，进行了细致的规划和落实。在研一阶段她高质量完成了培养方案内的全部课程，总绩点在2019级建环专业研究生中排名第一。在完成课业之余，她在导师曹彬副教授的指导下，将硕士研究课题聚焦在北京冬奥会，通过大量的文献和实地调研，挖掘冬奥观赛环境方面存在的问题和研究点，并提前开展实验收集所需的数据。回忆起这段经历，邓悦笑着说："研一可以说是充分利用了每一段时间，周中完成各项课程大作业，周末从早到晚做实验，每天都要在各类问题之间转换思考，但还好用争分夺秒的行动为冬奥实习留足了余量。"

投身冬奥建设　贡献清华力量

研二阶段，邓悦完成了在读研究生和北京冬奥赛事实习生身份的双面切换。2020年11月，她正式加入北京冬奥组委规划建设部，担任场馆和基础设施主管。在选择场馆驻地的时候，她主动提出要前往离北京最远、条件最艰苦的张家口崇礼赛区。"第一次来到崇礼的时候，太子城高铁站还没有建好，出站口还是用集装箱和棉布帘临时搭建的，拨开厚重的布帘就感觉整个人开启了速冻模式，从北京的深秋一脚踏入了崇礼的寒冬，像是开启了新世界的大门。"

在北京冬奥会筹备期间，她亲身参与了国家跳台滑雪中心从裸露的混凝土结构到建设完工的全过程；2021年2月，在新冠肺炎疫情防控和春节停工停产的双重压力下，她作为团队核心骨干，与驻守崇礼的团队成员们站在一起，共同完成了"相约北京"系列冬奥测试赛。

2021年年底正是场馆建设的攻坚阶段，走出去做现场踏勘是邓悦日常工作中必不可少的一环。没有通勤大巴，就徒步走去场馆，没有通电的电梯，就从跳台底部沿台阶一步步爬至

正式担任场馆和基础设施主管

160 米高的顶峰，再沿另一侧台阶返回。8 公里的山路，50 层楼的高度，−20℃的环境一待就是三四个小时。"在结冰的路面上摔过很多跤，双手总是失去知觉不听使唤，耳朵也被凛冽的寒风吹到冻伤，每次出门眉毛和睫毛上都挂满了冰花，夜晚泼水成冰更是不在话下"，热爱驱使，邓悦在艰苦的条件中却也能寻得自己的乐趣。场地建设期间，她梳理出 130 余条设施建设问题，编制《场馆建设问题跟踪清单》，及时提出整改和维护需求，保证了场馆建设进度的高效推进，以及信息反馈的即时查询。

除了现场踏勘的工作外，返回驻地的邓悦还要处理庞杂的办公事务。作为场馆和基础设施主管，她需要与国际雪联专家、场馆业主和设计团队各方协调对接场馆以及基础设施的建设完善工作，综合考虑每一方的表达和诉求，共同商定建设方案的推进节点。与此同时，与其他 25 个业务领域的高效配合也同样关键。她穿梭在会议、电话和邮件中，每天连续工作 12 个小时已是常态。在高强度工作锻炼下，她已经能对场馆建设的诸多技术问题提出有效的解决方案。为了更好地传达国际雪联的指导建议，她完成 10 余份英文考察报告的笔译工作，提高了各方协作共同解决问题的效率。

得益于对场馆建设细致且深入的调研，她也在赛事筹备中承担了更重要的责任。在冬奥测试赛筹备期间，她主责撰写《赛事运行方案书》，落实业务领域 54 名人员的岗位职责和工作计划，确保各团队协同高效完成任务。同时，她负责编制的《场馆风险清单与应急预案》等重要运行指导文件，从前期风险防范、中期处理措施、到后期控制方案，有效地保障了场馆设施安全稳定的运行。

"从方案对接、场馆建设到赛事运行，我很幸运参与到了北京冬奥全流程的筹备工作中。"在冬奥赛事实习工作中，邓悦秉持着清华人"爱国奉献、追求卓越"的精神，以精益求精的态度把控每一处工作细节的落实，以高度的责任感和使命感护航每一项重大任务的推进，她出色的工作表现也在冬奥组委的考核鉴定中获评"优秀"。

谈及这段珍贵的经历，邓悦有颇多感触："从去年冬天来到这里，我和冬奥组委的同事在崇礼共同度过了除夕，保障了冬奥测试赛的圆满举办，同时也为 2021 年底洲际杯测试赛以及 2022 年冬奥正赛做好了充分的准备。在崇礼没有分明的四季，只有铺天漫地的冰雪和因冬奥燃起的热情。"

共同筹办"相约北京"系列冬奥测试赛

发挥学术专长　改善观赛环境

虽然读硕士期间需要常驻张家口，但邓悦从未放低自己对科研工作的要求。因为她的专业是建筑环境以及人体热舒适，因此对冬奥场馆的环境条件格外关注。在场馆长时间工作的经历更让她深刻体会到，天寒风疾的室外环境会对人员的长期停留带来极大的挑战。

她调查了历届冬奥会的气象数据，并与张家口赛区的气温对比发现，2022冬奥赛时气温可能会达到"历届最冷"。而观众作为现场人员占比最大、停留时长最长的人群，长时间处于低代谢率、低产热量状态，很容易因室外寒冷的观赛环境产生不适感，甚至存在感冒、冻伤、失温等健康风险。上届冬奥会中，组委曾在观赛区设置火炉等防寒措施，但效果甚微，观赛时仍出现大批观众纷纷退场的现象，极大地影响了冬奥办赛效果。这些亟待解决的问题，坚定了邓悦对"场馆观赛环境保障措施"进行研究的想法。

在导师的指导和支持下，邓悦将工作分为理论研究与应用研究两个阶段。在理论研究层面，她将真人受试者实验与暖体假人实验相结合，筛选确定出冷暴露时长、环境温度、风速等关键影响因素，设计完成数十组工况的正交实验，揭示了在极端低温环境下，人的皮肤温度、核心温度、血流量等多项生理指标随冷暴露时长的变化规律，量化了九个身体部位的热舒适需求，并揭示了人体肢端部位的冻伤风险。

在此基础上，她建立起适用于低温环境的人体热评价预测模型，这一工作为冰雪场馆的环境设计提供了重要的理论支持。

基于上述研究工作，邓悦将研究成果整理发表在国际建筑环境领域顶级期刊，并多次参与国内外学术会议作口头报告。国际室内空气学会（ISIAQ）于 2020 年授予邓悦 ISIAQ Student Travel Award 奖项，她成为全世界 5 名获奖人之一。

在应用研究层面，邓悦将石墨烯、气凝胶等多种发热、隔热材料有机结合，设计研发了多项个体局部加热技术，可在 –15℃ 的低温环境下，使人体体感温度提升 10 ~ 15℃，热舒适维持时间延长至 3 小时以上。这些研究工作受邀在第 23 届北京科

在北京冬奥场馆现场开展实验

技博览会上参展，受到来自社会各界的广泛关注，也被《科技日报》等众多媒体关注报道。相关成果有望应用于冰雪运动场馆中，为观众和工作人员提供温暖保障。

在北京科博会、北京冬奥竞赛场馆展示研究成果

遇见最好的引路人和同行者

在硕士期间能取得以上的进步和成长，邓悦表示仅依靠自己个人的力量是远远不够的。"我真的非常幸运，能够选择曹彬老师作为自己的导师，他是我在科研以及人生道路上最好的引路人，也非常感激能在课题组遇到一群最好的伙伴，他们总是在学习和生活中给我极大的支持和帮助。"

由于实验阶段需要营造极端的低温环境，邓悦每次都要前往天津的低温实验舱开展实验，一待就是一两个月，在此期间总是会遇到多种困难："由于现有低温环境的热舒适研究几乎空白，从实验方案的确定就需要开始不断尝试摸索，很多仪器在低温环境下都不能正常工作，为了能够准确测量生理参数，受试者需要在冷暴露中保持长时间静止，对参与者也提出了很高的要求，由于环境带来的不利因素，仅预实验就调整了十几次，但那段时间无论多晚给导师发消息寻求帮助，总能收到及时的回复。"在校内外多线程工作的状态下，虽然也会有许多身心俱疲的时刻，但导师的支持和鼓励为她带来了继续前进的强大动力。

"导师总说师生之间是互相成就的，其实在这些年的相处中，他始终是我追随的榜样。他平时工作非常辛苦，几乎每天都忙碌到凌晨一两点，但对我们的指导和帮助却每时每刻都非常耐心和细心。他会给我们很大的学术自由度，从不会强制按照某种路径完成某项工作，让我们感受到自己的想法受到充分的尊重和支持。为了让课题组更有团队凝聚力，他提出每周五晚在课题组的"小屋"举办 happy hour（欢乐时刻），大家在一起分享过去几天的有趣经历。"导师对待工作的严谨认真和沉稳的处事态度带给了邓悦潜移默化的影响，也为她指明了前进的方向。

由于攻读硕士期间常驻张家口，邓悦打趣道："感觉自己是在'崇礼分校'读的硕士。"在此期间，校内需要处理的繁杂事务离不开课题组同伴的帮助。"因为周中不能返校，课题组会专门为我设置了线上的会议链接，每次发起远程讨论也总能得到大家积极的回应。除此之外，还有各种整理提交材料的琐事，真的非常感激大家愿意抽空帮忙。在课题组感受到了足够多的关怀和温暖，最大的遗憾就是错过了许多在校园和大家一起创造共同回忆的机会。"

在课题组的 happy hour 中度过 23 岁生日（左五：邓悦）

在二十多岁的年纪有以上诸多的珍贵经历，并且能够将自己的课题研究与冬奥筹备相结合，把论文写在冬奥的冰天雪地上，邓悦直言感到意义非凡。"参与冬奥的经历也让我深刻意识到个体责任与恢宏时代密切联系在一起。在今后，我仍会坚定地发挥专业所长，为国家城乡发展建设贡献更多的力量。躬身入局，成事可冀，我所站立的地方，就是我播种热爱和释放力量的地方。"

程瑞：
在追寻温暖理想的道路上
脚踏实地

程瑞，清华大学土木工程系暨建设管理系 2019 级硕士生，主要从事工程安全隐患识别交叉学科研究，发表了多篇高水平 SCI 论文，参与了"十三五"国家重点研发计划、冬奥组委、国家自然基金等重大课题。在学术社工方面"双肩挑"，曾任院系德育助理、研团副书记、选调组长和班长等；热衷公益志愿服务，曾作为学生群众代表参加建国七十周年专项纪念活动，受邀作为同济大学新生院"朋辈教育导师"为新生分享科创经验；作为联合创始人发起"小鹰童安"公益教育项目并在数百所中小学、幼儿园及社区开展了三百余场公益讲座及云课堂。曾获国家奖学金、清华大学优秀共青团员等荣誉。

清华是一个让每个理想都可以生根发芽的地方，每个清华人或许都曾思考过，在这里要成为怎样的人，又应该去追寻怎样的理想？对程瑞来说，这两个问题，也成为了他在读硕士期间扎实奋进的动力。有目标可追，有理想可寻，用勤奋延伸人生宽度，用情怀拓展价值深度，他用自己的努力绘就了一份精彩的青春答卷。

希望成为"交叉融合，全面发展"的新时代土木人

2018 年的推免季，本科曾修习土木工程（结构方向）与法学的程瑞选择了在清华学习他的第三个学科——管理科学与工程。交叉融合，全面发展，这是他对自己求学阶段的目标定位。在读硕士期间，程瑞选择继续挑战交叉学科的研究，从认知心理学的角度去探索施工隐患识别的认知基础，以服务于建设项目施工安全管理的智能化与数字化技术的开发。为了克服研究中数据处理方面的困难，从多模态生理

数据中发掘和归纳认知过程中存在的规律，他主动选修了一系列大数据相关的课程，并获得了清华大学大数据能力提升项目证书。科研之外，程瑞也通过自主学习考取了国家法律执业资格证书，夯实了自己的法学基础。在学海中遨游，程瑞希望自己能做一名懂法律懂技术、懂心理、懂安全的新时代土木人，践行"可持续地建设祖国"的初心和使命。

生活中，程瑞兴趣广泛，乐于尝试和学习，吉他、小提琴、竹笛、军棋，这些爱好也成为了释放学术压力和调节心情的充电站。对他而言，体育锻炼也不可或缺，程瑞的身影也曾出现在上海市大学生体育联赛上，并两获武术类奖项。此外，他也积极参与社工、实践、公益、创新创业……在适当的时间管理下，科研之外的生活同样足够有趣和充实。他认为生活的丰富多彩可以在多个维度中探寻，每一件想要去做的事情，都值得以全力以赴的姿态认真面对，并享受其中。

程瑞在海边游玩

"向往理想，不仅在于广度，也在于追寻理想过程的深度。"对于程瑞来说，关于理想，或许有两个关键词可以概括：安全和温暖。

学术理想——守护建设者的安全

"我们的研究围绕着建筑工人的安全开展。他在做这项研究的时候是怀着热忱与情怀的，旨在用神经工程的方法去破解安全管理中的这些难题。在他认真负责的科研态度上，我认为是清华行胜于言校风的典范之一。"程瑞的导师在推荐语中如是介绍。

2019年秋天，邱勇校长在开学典礼上说："学术元求志。"从这天起，对于来自安徽芜湖一个农村家庭的程瑞来说，学术与理想在清华产生了交集。程瑞的家庭中，一小半亲人都是建筑工人，而建筑业的安全一直是行业和社会痛点之一。"如果少一起安全事故，就会多一个温暖的家庭"，因此程瑞坚定地选择了从事建筑业安全的学术研究，希望用自己的研究为改善行业安全作出一些贡献。

"如果能将安全专家的经验知识转化为安全隐患的智能识别技术，工地上这些触目惊心的安全事故就可能大大减少。"通过结合认知科学和心理学进行实验设计，程瑞和课题组成员们试图将隐患识别这一经验过程转化为大体量的认知过程基础数据，并尝试从中分析归纳具体的认知策略。在长期认真努力的科研学习中，程瑞目前已经以第一或第二作者完成了7篇学术论文，其中有3篇发表在了SCI一区期刊上。论文创新提出的隐患识别的认知策略模型，在理论上能够为安全隐患的智能识别技术的发展提供认知层面的支持与基础，在实践中也可以用于落实改进施工安全培训内容设计的准确性和有效性。追求学术本真，永葆赤子之心，谈及学术研究程瑞说："很庆幸能有机会在清华扎扎实实地做有温度也有深度的科研。"

程瑞（左排第一）在学术报告现场

公益理想——守护青少年的安全

"安全是一个家庭幸福的基石，孩子们的安全更是父母最朴实的希望。溺水，坠落，交通事故，恶性伤害……这些我们每年都能听到的沉重而令人揪心的字眼，伴随着的是一个个家庭希望的破灭。孩子们的安全，靠传统的口头说教和简单练习还远远不够。但我想，其实还是有很多微小的事情是我们可以做的。"

给生命以温暖，为理想而躬行。追寻安全这一温暖理想，不仅存在于程瑞的学术中，也存在于他的生活里。几年前，作为联合创始人，程瑞和之前一起创业的合伙人发起了教育公益项目"小鹰童安"，也是国内首家独立发起、公益运营的专注于青少年安全的教育机构。为了让孩子们能够听得懂和学得会，程瑞和小鹰童安团队们四处请教学习，最终决定从不同的安全问题出发，设计了不同的教育场景来教给孩子们自我保护的技能和意识。经过不断地更新、优化和迭代教育的方式和内容，小鹰童安目前已经形成了七个主题的内容体系，并坚持向社会公益投放。这几年来，程瑞和他的小鹰童安团队伙伴们走进了一百多所中小学、幼儿园和社区，开展了三百多场公益讲座，并在上海广播电台录制了安全教育专场，给西部山区的留守儿童们开设了云课堂，也与众多公益组织、高校社团等社会力量携手并进，让孩子们享受到了更有效和更生动的安全教育。在谈及这些经历的时候，程瑞满是兴奋："我们希望我们的这些努力和足迹，能让孩子们更安全一些。去保护一个小家庭的温暖，Win Safe Kids，给生命以温暖，这是我们坚持做这个项目的理想。"

"小鹰童安"在上海某小学安全公益课堂现场

家国理想——践行社会责任从身边每一件具体的事做起

"让建设者们更安全，让孩子们更安全，从学术科研到社会公益，在追寻安全这个温暖理想的不同方式里，我感受到了家国情怀带来的使命感与动力，也真切体会到了服务与奉献的快乐。"在答辩会上，程瑞如是说。

在过去的两年多里，程瑞共承担了12项社会工作，曾同时身兼研团、研工组、选调、班级等共8项社会工作和助教。尽心尽力认真工作也为程瑞带来了诸多成绩和温暖。在接手院系研究生就业和实践的相关工作后，程瑞带领部门的小伙伴们共同搭建了土木工程系全方位的就业服务新工作体系，为毕业生们的多元化就业保驾护航，成功实现了在活动次数、覆盖行业、参与人数等多方面均超3倍的增长，土木工程系中央选调也实现了近五年来零的突破，系列工作获得了师生的广泛好评。实践方面，在程瑞带领几位部员所组织的博士生实践服务小组的辛勤工作下，尽管疫情形势曾一度反复，土木工程系的博士生实践基地数量和安全出行人数也仍然实现了翻倍增长。他带领团队不仅解决了当年博士生实践出行的各类需求，系统地梳理并逐个解决了往年因疫情等原因在实践环节所遗留的问题，还吸引了部分硕士生同学踊跃参与。在他们的勤奋工作与努力下，土木工程系和水利系作为集体共同荣获了2021年清华大学博士生实践院系组织工作一等奖。在回忆这一年的社工经历时，程瑞感动于自己收获的诸多温暖瞬间：毕业典礼上师兄师姐们的祝福；微信群里毕业生们一长串的中英文真诚感谢；工位上不时出现的来自师兄师姐们的毕业纪念礼物和小零食……"这些也都是我珍贵的回忆，服务与奉献是付出，但同时也是践行社会责任和获得乐趣的好渠道。"

在清华，青年人还有很多方式能够践行家国情怀与社会责任。不止于社工，程瑞也参与了国家自然基金、"十三五"国家重点研发计划、冬奥组委在内的多个课题项目，相关的工作成果也将有机会在多个国家重大建设项目和冬奥会中得以实践应用。2019年，程瑞作为学生群众代表参与了建国七十周年专项纪念活动，与党和国家领导人们一起在人民英雄纪念碑向革命先烈们敬献花篮。先烈们的英勇事迹和国家当今的繁荣昌盛也让程瑞深深感受到有国才有家，青年人应当牢记使命、勇于担当，积极践行社会责任。对于未来，程瑞表示将继续积极从事与国家基础设施建设及产业发展相关的工作，贡献自己的一份微薄力量。

毕业典礼现场：程瑞（中间横卧）与土木系 2021 届毕业生合影

作为学生群众代表参加中华人民共和国成立七十周年专项纪念活动现场

当再次被问及"清华三年，想成为怎样的人？"的时候，程瑞说，"其实没变，还是希望自己能够坚持下去，做一些特别具体的事，以理想温暖小家大国。"

生命学院
博士

王子瑜：
投身"生物制造"，守护绿水青山

王子瑜，生命科学学院 2017 级博士研究生，师从陈国强教授，研究方向为合成生物学。曾获得国家奖学金、清华大学优秀共产党员、清华大学林枫辅导员奖、清华大学庆祝中华人民共和国成立 70 周年活动先进个人等荣誉。

读博期间，王子瑜通过构建"微生物基因表达命运共同体"和外膜工程化方法，克服了"下一代生物工业技术"的诸多难题，成功将研究成果转化成实际生物可降解塑料 PHA（polyhydroxyalkanoates，聚羟基脂肪酸酯）产品，实现了世界首次 200 吨发酵罐生产 PHA，推动了 PHA 生物制造产业和社会经济绿色可持续发展，为实现"碳中和"做出了积极贡献。国家重点研发计划项目《千吨级 PHA 产能现场认定意见》中评价道："研制了稳定性良好的菌种，大幅提高了 PHA 生产和提取效率。PHA 生产工艺稳定，整体技术处于国际领先水平。"

不可降解的塑料污染给自然社会带来了非常严重的环境危机，看不见的微塑料也在悄无声息地危害着人类的身体健康。为了保护好绿水青山，保护好人民生命健康，众多研究者一直致力于研发对环境友好、对人体无害的生物可降解塑料。这是实现"碳中和"的重要途径之一，也是实现绿色可持续发展的重大战略方向。

通过微生物发酵获得的聚羟基脂肪酸酯（PHA），是目前市场上多种可降解塑料中的一颗"新星"。PHA 是由全生物合成的，在水中、土壤中都可以自然降解。因其优良的材料性能，PHA 可广泛应用于化工、医疗、包装、农业、功能材料等多个领域。但因生物制造成本偏高而受到限制，目前的市场份额仅有 2%。

"可能发不了顶天的 CNS,那就立地做好利国利民的 PHA"

生物制造是利用工程菌作为"细胞工厂",通过转化葡萄糖、蔗糖等农产品来获得工业产品。PHA 就是细菌在细胞内合成的一种聚合物。

陈国强教授团队通过筛选和优化盐单胞菌(一种嗜盐细菌,属于极端微生物),成功开发了下一代工业生物技术,解决了传统工业生物技术由高耗能、设备投资大和工艺复杂等"硬件"制约问题,减小了 PHA 生物制造的复杂性,降低了制造成本。这个技术目前处于全球领先水平。但 PHA 生物制造成本高的"卡脖子"问题仍然有待解决,如原材料价格昂贵,且与人争粮;发酵过程中微生物产量低、转化率低;下游处理中细胞破壁困难。这些虽然不是很大的科学问题,但却限制了整个 PHA 生物制造产业几十年的发展。

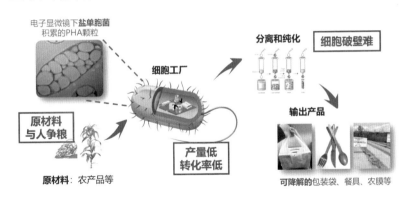

PHA 生物制造及其"卡脖子"的问题

从生物学角度分析,"卡脖子"问题的主要原因在于生物制造的"细胞工厂"不够强大,具体为细菌遗传改造程度低、底物利用率和转化率有限、生物合成或代谢速率较慢等。这些问题都和细菌的外膜相关,可以从外膜缺陷的角度进行突破。但外膜又是微生物的必需结构,因而这个课题近几年一直都没有进展。

王子瑜在初次接触这个课题时就觉得很有意思,随着对课题进一步的了解和探索,他更加明白了科学背后深刻的社会意义。在经过一番仔细调研和思考之后,他正式接手了这个课题。为了鼓励他,陈国强教授在选题之初便告诉他:"可能发不了顶天的 CNS,那就立地做好利国利民的 PHA。"王子瑜说,正是陈教授的这句话支撑着他熬过了许多个深夜,在实验遇到瓶颈的时候,这句话总能给他坚定向前的力量！他的研究成果大多是 2021 年才陆续公开或发布的，也是这句话帮助他在"冷板凳"时期依然坚守初心。

"外膜工程化"给盐单胞菌"升级换代"

革兰氏阴性菌的外膜是一层位于细胞表面的通透屏障，严格控制着细胞内外的物质交换。它本来是保护细胞不受外界环境伤害的，但在生物制造中却变成了不利因素：阻碍了底物和代谢物的跨膜输送和气体交换；其生物合成造成能源浪费，并且和 PHA 的合成竞争能源；主要成分 LPS（脂多糖，即内毒素）如果残留在医疗植入材料中具有不安全性；下游处理中细胞破壁困难……如果能通过外膜工程化的方法解决上述问题，那对细胞的生长和 PHA 的生物制造将大有裨益。

但是，外膜是细菌的必需结构，与其合成、修饰、转运相关的基因有一百多个，而且大部分都是必需基因。陈国强所开发的"下一代工业生物技术"所用的"细胞工厂盐单胞菌"是一株非模式生物，其外膜的研究工作尚处于空白。这让课题的进展难上加难。

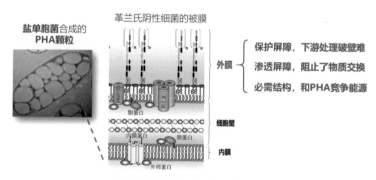

革兰氏阴性细菌的细胞被膜

通过基因序列比对、筛选新的基因靶点和利用合成生物学新方法，王子瑜历时三年多一共构建了 281 个不同基因型、不同表型、不同功能的新菌株。研究发现，除了作为保护性的屏障，盐单胞菌的外膜对于维持渗透压、被膜刚性和控制膜的通透性有着非常重要的作用。更重要的是，外膜工程化实现了给盐单胞菌升级换代：提高了 PHA 生产量和底物的转化率；内毒素含量降低了两个数量级，保证了生物制品的安全性；能更好地适应低盐环境，降低了工业上处理高盐发酵废水的成本；实现了

PHA 的水相提取，大大简化了下游提取程序、降低了处理成本。

同时，经过合成生物学的改造，外膜工程化的盐单胞菌也成功地被开发用于生产其他高附加值的新产品，比如可以用于医用支架的 P34HB、可用于医美行业的依克多因等。这些结果都有助于在工业化生产中进一步提高 PHA 的产量、降低生产成本，使其产品更具竞争优势。

首次提出并构建微生物基因表达"命运共同体"

王子瑜在电子显微镜下观察到，有些细菌是在"偷懒"的。这部分细菌照常消耗底物，但却不合成产物，明目张胆地"光吃饭不干活"，所以微生物生产量才上不去，转化率也不高。为了让所有微生物都"干活"，王子瑜首次提出了将产物基因和微生物的生存基因进行串联表达的概念，也就是微生物基因表达"命运共同体"。

通过将微生物必需基因与编码产物合成路径的基因串联表达，减小了微生物对环境变化的抗逆性，实现了稳定的目的基因表达，有效地扩大了生产和提升了产品率。这样的细胞，只要活着就能干活，而且对复杂环境的耐受性也更好，明显缩小了生物制造的限制性和制约条件。当王子瑜用餐厨废料做底物时，无论其成分有多复杂，细胞都可以很高效地合成 PHA。不仅实现了变废为宝，避免了与人争粮，还提高了产量和转化率。

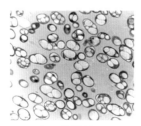
电子显微镜下
低PHA含量的盐单胞菌

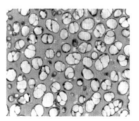
电子显微镜下
高PHA含量的盐单胞菌

微生物基因表达"命运共同体"让所有细胞都"干活"

这项成果及其应用为生物制造和生物工业技术的发展提供了重要助力，已经成功申请了专利《一种微生物基因表达命运共同体及其构建方法和应用》。

PHA"产学研用"一体化

王子瑜的课题从一开始就是以 PHA 生物制造的问题为导向，他改造的新菌株也一直在尝试做工业化的应用。他曾多次前往工业生产一线，和工人们同吃同住，仔细守护着自己的菌株，实现从实验室水平一路走向工业化实践。

但现实很残酷，281 个新菌株只有少数经受住了严苛的考验。在经历过小试失败 15 次、中试失败 3 次之后，经过优化的盐单胞菌 WZY254 菌株展现出非常稳定、优秀的生长和生产性能。通过逐级放大的发酵工艺优化，2021 年 6 月在广东湛江完成了世界首次 200 吨发酵罐规模生产 PHA。

研究成果已经转化至清华大学的一个初创公司——北京微构工场生物技术有限公司，200 吨发酵试验的成功让众多下一代生物工业技术的支持者和投资人看到了希望，公司在天使轮顺利融资 5000 万元，目前估值达到 10 亿元。从实验室研发到工业化生产，王子瑜成功将科研成果转化为了"产品"，实现了产学研的一体化。受科技部邀请，王子瑜代表实验室参加了国家"十三五"科技创新成就展。

王子瑜（右一）与导师陈国强教授（左二）、工程师们在发酵工厂现场

立己达人　知遥远行

王子瑜在入学初期就报名了暑期团校，"双肩挑"政治辅导员的种子也在这个懵懂的研究新生心里生根发芽。除了做好科研，这几年他也一直在双肩挑的岗位上点

亮他人。

四年来，"双肩挑"的信念指引着他一路向前。无论是作为新生党支书，还是连续三年担任党建工作的研工组副组长党建助理和带班助理，抑或是作为"新雁三期"带班辅导员，王子瑜始终坚持着"育人"的初心和使命，全心全意投入到辅导员的工作中，关心身边每一位年轻人，将对学生的服务和引领做在日常的点点滴滴之中，在"育人"与"育己"的双向互动中成长成才。

王子瑜与研工组（左上）、党支部（右上）、生博 175 集体（左下）和"新雁三期"（右下）的合影

在担任辅导员的 7 个学期里，王子瑜在生命学院研工组服务了德育助理共计 42 人，研究生党支部共计 92 人，带了 8 个高年级集体共计 168 人。研工部"新雁三期"共培养了 41 名新生党支部书记。这些人现在也都在各自的舞台上大放光彩。

王子瑜参加林枫辅导员奖答辩时说道："这几年和同学、朋友们在美丽的清华园里一起共同成长，是我最开心的事情！"

王子瑜说："能够拜陈国强教授为师，他真的很幸运；能够学有所用，他真的很开心。他的工作既回答了科学问题，也解决了 PHA 生物制造的关键问题，还推动了 PHA 的产业化，真正做到了'把论文写在祖国的大地上'。"

未来，清华人"知行合一、行胜于言"的精神将继续鞭策王子瑜前行，期待他的故事能引导更多的青年学生同向同行、共同前进，建设好、保护好祖国的大好河山！

孙利滨：
我想做 5G 天线的
"引路人"

孙利滨，电子工程系 2016 级博士研究生，从事解决 5G 移动通信中的天线瓶颈问题方面的研究。曾在 *IEEE Transactions on Antennas and Propagation* 等期刊和会议上发表论文多篇。曾以第一作者授权发明专利 4 项，另与华为公司合作申请发明专利 3 项；曾担任 *IEEE TAP*、*IEEE AWPL* 等 8 个 SCI 期刊审稿人，曾获评 IEEE TAP 颁发的 "杰出审稿人"，成为当年全世界仅有的两个学生获奖人，曾获得国家奖学金等荣誉。

"这个方向挺难的，我也没什么想法"

2017 年 10 月的一个夜晚，孙利滨偶然间看到一篇展望 5G 手机天线的论文，文章中提到 5G 手机天线面临的困境：如何在狭小的空间中 "塞下" 更多的 5G 天线，并解决多天线间的互耦问题一直在他的脑海中萦绕。"天线的数量越多，通信的容量就会越高。如果说 4G 手机相当于一个两车道的马路，那么 5G 手机想要提供四车道，甚至八车道。"

5G 大规模 MIMO 技术

然而，为了避免相互干扰，天线之间要间隔一定距离。在手机都想做成全面屏的趋势下，天线设计的空间是非常有限的。

如果不能突破这一难题，5G 技术将陷入瓶颈期。孙利滨敏锐地察觉到这将是一个非常有前景的研究方向，于是和导师商定将其作为博士研究课题。

孙利滨的导师是张志军教授，曾在美国从事过苹果手机的天线设计，但是张教授回国后很长一段时间都不建议学生继续做这个方面的研究。"可能因为他觉得 4G 时代这个方向没有太大创新性了，大多只需要工程上的优化。"在听到孙利滨的选题方向后，张教授说："这个方向挺难的，我也没什么想法。"这句话既肯定了该研究的前景，但也预示了研究的难度。

华为天线方向的"天才少年"

如何突破技术瓶颈？孙利滨的答案是创新。对自己科研的原创性，孙利滨的要求非常严苛。他曾经在一项工作上投入 4 个月的时间，但最终因为自己对结果和文章的创新性不太满意，他放弃投稿。因为过高的标准，他已经放弃了很多投稿。很多人也许不理解他的做法，但是对于孙利滨来说，最有成就感的并不是发表论文时刻，而是灵光乍现之时。"科研其实就像打游戏一样，就是要用原创的想法（idea）打怪升级，攻克难关。"

为攻克 5G 天线的难关，孙利滨花了很长时间去摸索。"先是自己思考想法，然后跟导师讨论，不断被否定、然后继续想，这个过程循环了好久。"在摸索的过程中，他的想法从稚嫩逐渐走向成熟，于是他开始做一些仿真实验，"但有时仿真实验也做不出来，就是说明刚开始的想法可能就是错的，或者某一步出了问题，就要回去重新思考。"终于，原创的想法"打倒"了 5G 天线这个"怪"。

已有的集成多天线设计方案大多是利用额外的去耦结构消除多个天线间的干扰，不仅解耦效果不好，而且占用了稀缺的设计空间。孙利滨另辟蹊径，设计两个具有正交模式特性的同频 5G 天线。这样无论它们距离多近，也不存在互耦干扰。张志军教授将这一成果在华为天线技术大会上进行汇报，受到了众多工业界技术专家的赞赏。华为随即与张老师团队签订协议，共同解决 5G 手机天线中的瓶颈问题。这一技术最终被应用到了华为的旗舰手机中，实现了手机中最先进的天线设计与最多的 5G 天线数量。

正交模式法虽能解决天线间的互耦干扰问题，但它始终解决不了天线性能不一

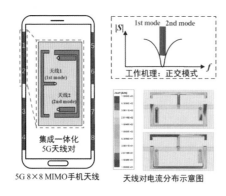

5G 8×8 MIMO手机天线　　天线对电流分布示意图

基于正交模式法的 5G 天线设计

致、天线尺寸大、无法集成更多天线等难题。于是孙利滨又提出一个全新的角度，通过共模和差模的叠加将多天线去耦问题等效为不同模式的阻抗匹配问题，这样不仅可以大大减小集成多天线的设计复杂度，而且可以实现更高维度的多天线集成。导师听完他的思路后说，"你得赶紧给它起个响亮点的名字。"孙利滨将这一方法命名为"模式抵消法"。

基于该方法，原先正交模式法中存在的各种问题都得到了解决，实现了集成一体化 5G 天线的一致化、小型化与宽带化。之后，孙利滨又进一步提升集成度，实现了世界上第一款宽带集成一体化四天线乃至八天线的设计，为下一代移动通信技术奠定了基础。

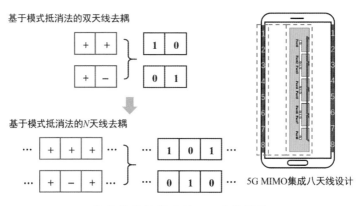

5G MIMO集成八天线设计

基于模式抵消法的 5G 天线设计

"我把整面墙的专业书都读了一遍"

不过，这位"天才少年"并不认为自己是"天才"。"我觉得我天赋不是很好，来到清华发现身边很多人头脑转得很快，情商也特别高，还是能感受到差距的。"

刚开始读博时，孙利滨甚至完全听不懂导师讲课。当导师让他选择在第一年是否进组做科研时，他决定暂时不进组。博士一年级，没有科研任务的孙利滨通过大量阅读来为自己打下坚实的基础。图书馆里有一面墙都是专业书，孙利滨将其中大多数书籍都读了一遍。读完之后就去阅读导师和所有师兄们的毕业论文，然后再阅读其他课题组的论文。孙利滨将自己读过的所有电子文献都放在一个文件夹里，大概已经存了20GB。依照一篇文献大小为 4 ～ 5MB 来计算，累计存了 4000 ～ 5000 篇。"我们组的传统就是文献阅读量较大，导师要求我们不能只局限在自己的领域里学习。"

2020 年参加并担任国际会议 IEEE APMC 的 Session Chair（分会场主席）

"读文献并不是单纯地阅读，也要带着批判性的思维去阅读，因为即使是发表在顶级期刊上的文献，我们也不能完全相信数据的真实性和思路逻辑的正确性。"每个月孙利滨所在的课题组都会一起讨论顶级期刊中新发表的文章。"我们先不看作者是怎么写的，而是基于呈现出的结果，自己去想象如何解释结果，然后再去看文章中是怎么解释的，考察文章的解释是否成立。"

他每天大概早上七点起床，七点半到实验室，晚上九十点结束工作回寝室。晚上有时会去跑步，一般一周跑 3~4 次，每次大概 5 公里。一般不熬夜，周末的时候会看些哲学、心理学的书，一般也会抽个半天出去玩。就像园子里大多数同学一样，孙利滨的生活低调且普通，简单且规律。但这样的日程表一天天积攒下来，却是令人震撼的厚积薄发。

"我现在也在做 6G 的研究"

技术研究和理论研究什么更重要？孙利滨认为，两者具有同等价值。"1864 年，麦克斯韦预言了电磁波的存在，过了 24 年，1888 年赫兹通过实验证实了电磁波的真实存在，又过了 17 年，在 1905 年马可尼才把电磁波真正运用到无线通信上，整个无线通信体系才真正建立起来，彻底改变了人们的生活。"

目前，我们在基础研究上和国外差距较大，应用技术上的差距正在逐渐缩小。"这可能和整个社会的价值取向有关系，大家觉得技术研究更容易出成果，于是更愿意去研究技术。我觉得需要让科研工作者们真正沉下心来做自己喜欢的事情，将他们所做事情的意义和价值来评价他们的成果，而不是以论文的数量或拿到的经费来评价他们。"技术研究和基础研究是相互促进的关系。"大学里这两块都不能缺，技术要往产业化方向做，要跟公司有深入的合作，做真正社会需要的研究。"

孙利滨的第一份成果发表之后，很快收到了工业界的响应。华为公司积极地前来找他寻求项目合作，"他们觉得这个方向还可以继续深挖。"从 5G 到 6G，中间有很多技术瓶颈亟待突破。移动通信到了毫米波甚至太赫兹频段之后，天线的形式会发生很大变化，也会面临更高的要求——不仅仅是尺寸，还有它的辐射性能，以及整个天线的设计框架。在工业界的需求下，孙利滨有了新的目标和研究内容，"我现在也在做 6G 的天线研究。"

2019 年孙利滨在美国佐治亚理工大学

　　谈及自己未来的打算，孙利滨打算先去工业界沉淀几年，"我们当前在学术界看到的现象，很多工作其实是没有办法产业化和实际应用的，这和我们缺乏业界的经验有关。"在工业界了解社会真正需要什么样的技术、发掘什么样的成果有应用价值，积累足够的经验和认识之后，孙利滨可能还是想跳出企业来做一些前沿研究，"我还是想能够在一个空白领域做出自己的成果，希望自己的成果能被写进教科书里。"

白蕊：
清华人要做就一定要做世界级难题

　　白蕊，生命学院 2015 级直博生，师从施一公教授，研究方向为不同功能状态下剪接体的三维结构与分子机理。三年中，白蕊已在顶级学术期刊 *Science* 和 *Cell* 上发表论文 7 篇，其中以共同第一作者身份发表论文 6 篇，2 篇论文作者排位为第一。

　　她成功解析了被认为难以捕捉的瞬变状态剪接体 post-catalytic spliceosome（催化后剪接体）。随后，白蕊在施一公教授指导下带领团队首次解析了目前被认为是分子量最大的剪接体 pre-B complex 近原子分辨率的三维结构，而这一过程中，从复合物的提纯、样品的制备到结构的解析，每一步都具有极大的挑战。

　　"清华人要做就一定要做世界级难题"，这是她的倔强，更是清华人的倔强。

关于研究方向："我就是要选择生物，就是要攻克难题"

　　"这真的是太有趣了！"白蕊在高中课堂上听完生物老师讲解了母代基因和子代基因后，不禁感慨道"怪不得孩子的血型有时会和父母的血型不一样啊！"

　　这是她第一次深刻感受到书本里的知识和生活竟然如此密切，她对生物的热爱就此萌发。因为喜欢生物课，白蕊学习非常用功，她的生物成绩始终名列前茅，还常常被老师邀请在课前 10 分钟给大家讲生物题。

　　当高考成绩出来后，白蕊要选择与生物相关方向，与她关系非常好的高中生物老师却给她打了"劝退"电话："生物没有你想的那么有趣，你现在感兴趣的只是从教科书上得来的，真正的生物研究是极其枯燥和乏味的。"

白蕊没有丝毫动摇，她坚定地告诉所有人："除了生物，没有其他感兴趣的专业，我就是想做与生物相关的研究。"但是老师的劝告也给她打了一剂预防针，让她对枯燥的科研生活做好了充分的心理准备。后来，她本科从武汉大学生命科学学院生物学基地班毕业后，凭借专业排名第一的优异成绩，被保送到清华大学生命科学学院继续深造，师从施一公教授。

施一公教授实验室成员合影（第一排左三：白蕊）

进入施一公教授实验室不到半年，白蕊就成为了课题组的骨干成员，从此踏上了研究剪接体结构与机理的征途。

RNA 是 DNA 到蛋白质之间的重要媒介，而遗传信息从 DNA 转移到 RNA 之后，通过进行无效信息的"剪断"与有效信息的重新"拼接"，最终实现真核生物基因表达调控的目的，这就是 RNA 剪接。在这个过程中，剪接体可以说是一台 RNA 加工机器，它就像一个"黑箱"，尽管它的原材料和产物都比较清楚，但是人们对这台机器具体的加工过程知之甚少。而人类 30% 的遗传紊乱以及多种癌症，均与某些基因的错误剪接、剪接体蛋白组分的突变以及剪接体的错误调控有关，剪接体催化过程中结构的严重缺失使剪接体成为了亟待解决的课题之一。

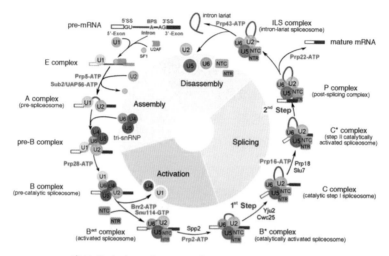

剪接体完成一次 RNA 剪接所必须经历的过程

由于剪接体高度的动态性和复杂性，获得不同状态的剪接体的高分辨率三维结构被公认为世界难题。在施一公教授的鼓励与指点下，白蕊开始研究攻克极其关键的不同功能状态下的剪接体结构机制，解析剪接体在工作过程中的结构变化，揭开剪接体 RNA 加工的神秘面纱。

关于坚持："要不要这么拼？"

很难想象，如此迎难而上和倔强的白蕊，竟然在博士一年级时曾有过"退学"的想法。

进入清华后的第一个学期期末，白蕊为了赶博士课程的、课题的多个截止日期（deadline），导致严重睡眠不足。再加上当时北京雾霾严重，周围感冒的同学也不少。有一天早起她发现自己小腿上有一个红肿块，按压时会痛。她本以为是自己不小心伤的，就没有过多关注。但是几天后情况并没有转好，反而两条腿都出现大量红肿块。白蕊立即前往医院就诊，医生给的初步诊断是免疫功能性疾病，但病因不详。

不清楚病因的白蕊陷入恐慌，也陷入了"要不要这么拼"的自我怀疑中。在病情最严重的时候，她想到了退学。这个想法也是因为她最初的那份倔强：如果不能承受高压科研环境，五年的博士期间不能做自己最热爱的事情，那还不如干脆退学。

白蕊跟同实验室的万蕊雪师姐倾诉了自己想退学的想法。那段时间，无论是在实验室，还是在回寝室的路上，她们都会聊到这件事。万蕊雪告诉她："有病治病，但心志不能垮。可以退学，但一定要想清楚，对自己负责。"

得到师姐的安慰和打气后，白蕊逐渐走出恐慌，回忆起自己决心读博的初衷，"除了做生物学的研究，我真的没有其他热爱的事情了"。她开始静心反思自己之前的时间安排与生活——"自己之前没有合理安排时间，做好统筹规划，导致实验效率低，很多所谓的压力，都是自己给自己造成的。这就会引起作息不规律，损伤身体。"

白蕊深切地意识到了"健康的身体是革命的本钱"。她决心要抓住一切细节来提高效率，并对自己的实验全方面地进行衡量，确保自己每次实验的成功率。生物实验常常会有等待时间，两分钟、十分钟，甚至一小时，白蕊也不愿一直等着，要么同时进行其他实验，要么阅读论文。如此一来，发现原来需要一天做完的实验，不仅大半天就可以完成，还可以顺带做一些其他的实验。

这样的安排使得实验效率和实验成功率得到了很大程度的提高，之前需要进行多次摸索的实验，白蕊现在只通过一两次实验就能成功。白蕊不仅在课题激烈的国际竞争中取得了优势，同时还给自己争取到了很多"更多睡觉的时间"，给"争分夺秒地攻克领域难题"积蓄能量，让自己能继续为自己所热爱的事业发光发热。

被抢发后："要再憋个大的"

"我们的研究成果被抢发了！"有一天师姐万蕊雪急匆匆推开实验室门说道。白蕊当时正在实验台前，提取着剪接体。她愣了一下，指着眼前的蛋白："不会是开玩笑呢吧？"

白蕊所研究的课题，在国内外一共有四个课题组在竞争。由于国际竞争激烈，白蕊不敢有丝毫松懈。通过不懈的努力，她解析出了 pre-catalytic spliceosome（预催化剪接体），但是觉得分辨率还不够高，所以对它进行了长达半年的优化，现在优化工作即将收尾，研究成果却被英国同行用较低的分辨率抢先发表了。

她只能"无力地叹气，在实验台前坐了很久很久，大脑一片空白"。但她没有让这种情绪影响自己太久，而是暗自下定决心："我一定要再憋个大的！"她吸取教训，总结经验后，开始以更全面的角度审视研究课题。她不再局限在之前课题项目中的一个方面，而是深入研究，开始攻克更为关键的不同功能状态下的剪接体结构机制。

这一憋，就耗时 7 个月。在这期间，白蕊用于攻克此课题的酵母总计有五六百升，自己制作的培养基都以吨为单位了。

"算出来了！"终于在 2018 年 1 月，正在接收电镜数据的白蕊看到微信群里师兄发出的微信消息，开心地蹦了起来。2018 年的春节，实验室课题组的所有成员都既忙碌又兴奋，白蕊更是除夕连夜从家中出发，大年初一赶到实验室收集电镜数据，团队所有成员都期待重大结果的出现。

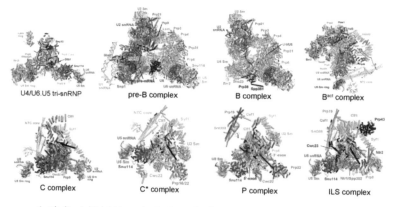

白蕊成功解析的 8 个重要状态剪接体的高分辨率三维结构

最后，他们捕捉到了一个 RNA 剪接中全新的瞬变状态剪接体 precursor pre-catalytic spliceosome（预催化剪接体前体），首次解析了目前被认为是组成蛋白最多、分子量最大的剪接体。要知道提取这一结构，从复合物的提纯、样品的制备到结构的解析，每一步都具有很大的挑战，例如在提纯上，该状态结构复杂，但各组分之间的相互作用并不紧密，造成该复合物在提纯过程中十分容易解聚。

生活中："开心果" + "女汉纸"

白蕊在科研中非常严谨，但是在平时生活中却非常欢脱。如果只观察白蕊做实验，你不会想到她是一个蹦蹦跳跳、然后会突然蹦到你面前给你打招呼的"开心果"。而且，她平时都自己搬运几十升的液氮罐进行实验，在实验室都自己换桶装水而不麻烦他人，她因此也被大家戏称为"女汉纸"。

白蕊所研究的课题因为可获取的生物材料非常少，常常需要自己培养上百升的酵母细胞。因为细胞生长是一个连续过程，出现特定状态需要一定周期，所以白蕊时常需要凌晨赶来实验室收集材料。上午9点多她开始培养酵母细胞，根据分析和计算，要想收集这些细胞的指定状态，需要在凌晨4点时就赶回实验室。稍微多睡一会儿，可能就会与这个细胞状态"失之交臂"。

在这个过程中，白蕊干着很多男同学都觉得特累特难的活，但她没有丝毫怨言。"女汉纸"的称号下包含着大家对她的敬佩。但在"女汉纸"的外表下，她也有颗柔软的心：她衣服上带着猫耳朵，帽子上带着猫耳朵，围巾也有猫耳朵，就连看到一副手套上面有耳朵，她都觉得毛绒绒的好可爱并想要买。有猫图案的衣服，是她最喜欢的。

"清华人要做就一定要做世界级难题"

"我想继续做研究，成为一名科学家。"做的研究越多，白蕊越发感觉这个领域还有更多重要的问题需要深入研究："我希望自己能为这个领域做出一份的贡献，用施一公教授的话说，清华人要做就一定要做世界级难题。"

汪泽：
为振兴中国高端制造装备
贡献绵薄之力

汪泽，清华大学机械工程系 2015 级直博生，师从朱煜教授，指导教师为胡楚雄副教授，研究方向为精密机电控制。曾任机械系机研 152 班班长，担任 *IEEE TIE*、*IEEE TII*、*IEEE Access*、*ASJC*、*IJMTM* 等主流 SCI 期刊审稿人和 2019 年 IEEE RCAR 国际会议分会场主席。曾获得 2018 年意大利机床科技奖、2017 年清华大学研究生国家奖学金、2017 年国际机电学旗舰会议 IEEE/ASME AIM 最佳学生论文提名奖等荣誉。

曾经是门外汉，现在是小学徒

2015 年春节前的一个月，汪泽从天津大学来到清华大学做本科毕业设计。他经过二校门时，不禁畅想"我要在这里度过 5 年的博士时光，5 年之后的我又会怎样"。带着无限憧憬和期待，汪泽投入到研究工作中。他在本科期间的专业为自动化，在一开始对很多机械相关的基础知识一头雾水，面对课题组精密而复杂的机电系统也感觉到"压力山大"，初期科研的进展也远没有想象中的顺利。

汪泽的第一项研究是对课题组自主研发的磁悬浮平面电机进行运动控制，不过电机平台在运行时不稳定，也没有人告诉他具体的原因。为了得到理想的实验结果，汪泽必须想办法先排除电机系统本身的问题再进行研究。根据汪泽的描述，他当时每天早上七点睁开眼睛来到实验室，直到晚上十一点才返回宿舍，他的脑袋全部都是关于电机的问题，有时候他甚至记不得自己有没有吃饭。最终他经过不懈的努力找到了电机问题，发现是因为驱动器供电的电源，解决了相关问题后，电机终于恢复正常运行，汪泽也顺利完成了后续的研究工作，并发表了第一篇文章。

汪泽一直信奉《沉思录》中的一句话"当一个人对一件事抱有强烈兴趣时，就算不吃不喝，不眠不休，也要完善其所热爱的事情"，在科研的起步阶段，汪泽认为驱使他不断向前探究的是内心中强烈的好奇心"为什么电机可以浮起来？""怎样做才能让它运动效果更好？""我学的那些知识是怎样应用到这些现实的系统中的？"这样一连串的疑问驱使汪泽在机电运动控制领域中不断探索。

经过几年的科研训练，汪泽深切体会到了做真正意义上研究的不容易，同时他也在老师的悉心指导下，逐渐提升了自己的科研能力，并且培养了自己的研究兴趣。在这一过程中，汪泽非常感谢自己的导师朱煜教授和指导教师胡楚雄副教授，"我非常感谢我的两位老师，他们亲自示范教我如何进行研究，以身作则教导我应该成为什么样的人。"老师的言传身教为汪泽的学术研究指明了道路。

当谈及自己时，汪泽说自己现在只是从机械专业"门外汉"，晋级成为一名"小学徒"。在清华大学机械系度过的几年科研时光中，汪泽觉得自己收获颇多，成长得非常快，但是未来的道路还很长，还有许多工作等着自己去做："机械制造领域的研究，尤其是我所从事的高端制造装备的研究非常艰难，需要掌握的知识很多，而且在很大程度上依赖时间的沉淀和经验的积累，这个事业需要的是老师傅、专家，而我只是一个刚入门的小学徒，仍需要向前辈多多学习"。

做祖国最需要的研究，我感到很光荣

在汪泽小的时候，作为中学教师的父亲经常给他讲为国铸盾的两弹元勋的故事。还是孩子的汪泽觉得那些"干惊天动地，做隐姓埋名人"的科研前辈非常了不起。因此他在幼儿园毕业纪念手册上，在"未来理想"这一页用稚嫩的字迹写下了"科学家"几个字。多年后汪泽觉得那样了不起的科研英雄，那样伟大的事业一直离自己很远，理想或许只是理想罢了。但是当他来到清华，来到所在的 IC 装备研究团队，汪泽才真切地感觉到自己的奋斗和国家命运及民族未来是如此接近。高端光刻机作为芯片制造过程中最为核心的装备，这种技术一直被国外公司垄断，ASML 公司最先进的光刻机单台售价超过一亿美元，而且在一定程度上对中国施行禁售政策。汪泽所在的课题组要做的就是走出一条光刻机工件台的自主研发之路，避免中国再次遭受"中兴事件""晋华事件"这样的缺"芯"之痛。这条自主研发的道路上充满着难以逾越的技术壁垒和未知的挑战，走在这条路上的人肩负着高端制造装备国产化的崇高使命。汪泽回忆道，在2018年课题组年会上，导师朱煜教授说了这样一句话"我们都是中国人，我们要有一颗中国'芯'"，听完这句话后，汪泽热泪盈眶，更加深切地感受到了清华人身上所肩负的重要责任。此时驱动汪泽在科研之路上不断前行的，不仅仅是内心中探索未知事物的好奇，更是为国争光的使命感。

等到博士四年级，汪泽在多轴机电系统协调控制方面的研究已经取得了一些成就，并获得了一些国际学术奖励。2018年11月，汪泽获得了意大利机床、机器人和自动系统制造商协会颁发的意大利机床科技奖，并受邀前往意大利参观学习。在去意大利激光切割机床厂家 Prima Power 参观交流时，该厂的技术部门负责人对汪泽的研究工作表现出了浓厚的兴趣。因为在高速激光切割过程中轮廓误差是非常关键的一个指标，如果以降低速度的方式减小误差，除了会降低效率，还会出现激光灼伤工件的情况。而汪泽所做的研究恰好有利于解决这类"高速大曲率下轮廓运动控制问题"，在国际先进制造业上具有重要的应用价值。在国际交流中汪泽更加坚定了自己做好课题的决心。

汪泽希望自己的研究工作能够真正解决那些制约中国制造发展的"卡脖子"问题，也希望研究成果能为目前仍然薄弱的高端制造装备产业贡献自己的一份力量。用汪泽的话来说"振兴中国高端制造装备，道阻且长，亦余心之所向，能够做祖国最需要的研究，我感到很光荣！"

我爱"中国制造"，我要让更多人像我一样爱它

作为一名机械系的研究生，汪泽认为除了干好自己本职的科研工作之外，还应该有更多的社会担当，传播自己热爱并且擅长的"中国制造"领域的知识，让更多的人对"中国制造"有清醒客观的认识，这对汪泽来说是一件非常有意义的事情。

在科研之余，汪泽作为兼职撰稿人为《了不起的中国制造》栏目撰写机械制造领域的科普文章23篇。在看到评论区的好评时，以及收到栏目组发来的"优秀作者感谢信"时，汪泽感觉到自己的付出都是值得的。

此外，汪泽还积极响应国家"一带一路"倡议，参加2018年清华大学GO Practice 海外社会实践，并担任实践支队长，赴肯尼亚首都内罗毕协助中航国际成套设备有限公司举办非洲职业技能大赛，主要负责来自非洲 5 个国家 100 余位学员的技能培训，包括数控车床操作、英文授课、教材翻译及比赛组织管理工作，将自己所学传播给更多渴望获得知识和技能的非洲青年，让"中国制造"走出国门，成为连接中非友好情谊的纽带。六周的实践生活中，汪泽和实践队员在繁忙的工作之余也感受到了与非洲学员一起相处的快乐：他们一起唱英文版的"一带一路之歌"，一起打篮球，看到学员们亲手画的画和精心拍摄的视频，他都觉得这是一段终生难忘的美好时光。

汪泽赴肯尼亚参加海外实践

汪泽谈道，"在肯尼亚，他遇到了很多在机械行业工作几十年的老师傅，他们在那片工业基础薄弱，甚至断水断电的土地上，用'中国工匠'的智慧维持着数控加工车间的正常运转，让'中国制造'在非洲大地上开花结果。"在向他们致敬的同时，汪泽也从他们身上学到了"大国工匠"的坚守。日日行，不怕千万里，汪泽将继续践行对中国高端制造装备的承诺，持续推进祖国最需要的应用研究，为"中国制造"贡献自己的力量。

李博权：
源于热爱——结合国家和社会需求做科研

李博权，清华大学化学工程系 2016 级直博生，师从张强教授，研究方向为高比能二次电池中的能源材料化学。"在清华学习的 7 年时间里，我深切地感受到清华人的家国情怀。作为一名博士生，我为自己能够有机会亲身参与前沿科学研究，为解决国家能源方面的重大需求贡献力量，而倍感荣幸。"

科研，我热爱的事业

李博权本科毕业于清华大学化学系，从大二下学期开始他就进入实验室参与科学研究。现在他回想起本科的时光，都觉得"在清华能有非常好的机会参与到世界一流的科研工作中，这对一个本科生来讲是非常重要的，对明确以后的人生方向也起到了很大的作用"。

2016 年，李博权本科毕业后在化学工程系攻读博士，师从张强教授，进行高比能二次电池中关键电极催化材料的研究。对于科研，他有着自己的理解："科研就是发现新的知识和方法，探索自然界的未知领域。如何将自己所从事的科学研究与国家和社会的重大需求紧密结合，是非常关键的，这也是推进我不断研究的动力。"

"喜欢"是他科研热情的来源，"无论在不在实验室，我心里都惦记着这件事"。在张强教授的课题组，学生们可以完全按照自己的时间，安排每天的科研进程，"导师对我的指导更多是对科研的认识和理解，导师希望培养我学术上的审美和判断力，以及迅速定义关键科学问题的能力；在实验上导师经常鼓励我多思考多讨论，想清楚再行动"。最初，李博权在实验时经常钻牛角尖、走弯路，经过和张强教授以及实验室师兄师姐的不断交流与讨论，他的思考能力逐步提高，取得了许多成果。

大鱼前导，小鱼跟随

无论做什么事，困难都无法避免，做科研更是难上加难。探索未知世界、实现"从'0'到'1'"的突破，既是科研自身的魅力，也是科研带给我们的极大挑战。李博权坦言，做科研避免不了"迷茫期"，迷茫期更要相信自己，看到自己所从事的研究的价值，并为之付出更多的努力。

回忆起过往经历，他认为克服困难最重要的，就是导师的指导和课题组的良好氛围。自己之所以能取得今天的成果，都源自课题组的帮助。张强教授非常强调组内的合作与交流，重视对学生科研能力的培养，组内"传帮带"的优良传统给予了李博权非常大的帮助："刚到课题组时，有优秀师兄师姐手把手带我，因此我在文献阅读和实验操作方面很快上手，这种帮扶模式一方面可以得到第一手的经验，另一方面也避免了一些问题的重复发生。"李博权认为和导师及师兄师姐的交流是自己迅速提高的重要方式。

现在，李博权也坚持"传帮带"的优良传统，指导师弟师妹进行实验探索，将自己的科研经验分享给师弟师妹，希望他们可以避免一些自己曾经犯过的错误。在科研的过程中，交流讨论是非常重要的一个环节，这包括课题组内的交流讨论，也包括和不同课题组、不同方向的老师同学交流讨论。

他说："课题组的同学们背景很丰富，比如我本科就读于化学系，还有的同学就读于化工系高分子专业或材料学院。和他们讨论问题很有趣，会发现大家思考问题的切入点不同，关注的重点也有所差别。"当面对一个实际问题时，不同学科背景的同学相互合作交流，发挥自己的专长，从多个角度提出针对性的策略。在课题组内，大家的讨论都非常深入，一个问题，要讨论到每一个人都听懂、都认可才停止，经常一个话题一讨论就是一两个小时，有时组会甚至开到晚上十一二点。

此外，李博权也经常和不同学科的老师同学交流讨论，往往能碰撞出许多新的想法和火花，不仅开阔了眼界，也激发了科研灵感。

劳逸结合，提高效率

睡眠和运动是李博权业余时间的主要内容，除了"必须保证睡眠时间"，导师张强教授经常会邀请并鼓励课题组同学去运动，比如游泳和打羽毛球。李博权笑着说：

"我自己其实羽毛球打得不好，但总是很积极地跟着大家一起打。我觉得打得好的人应该很轻松，我这种打得不好的人运动量应该更大，运动效果更好！"此外，李博权也时常浏览哔哩哔哩，在上面看新闻、看美食、听讲座，也偶尔观看搞笑视频。

寄语：牢记初心和使命

面对特等奖学金（以下简称"特奖"），李博权认为这份荣誉既是鼓励，也是压力，一方面是对自己过往科研工作的肯定和激励，另一方面也意味着要更加严格地要求自己。他认为自己只是在喜欢的领域中做好本职工作，他更希望大家能够了解获得特奖同学的日常生活，看到科研是一个很有趣也很有价值的事情。

谈到未来，他表示自己会将特奖作为新起点，继续从事自己热爱的科研事业。在他所研究的高比能二次电池领域，还有很多问题有待解决，也都值得为之付出努力。无论自己未来在哪里，都要坚持下去，做到最好，同时他也希望能够通过自己的努力带动更多的人加入服务国家的队伍中。

最后，李博权想对师弟师妹们说："要在平凡的生活中找到自己热爱的事情，并为之努力，把它变成自己的事业。我们生活在一个美好的时代，能将个人命运同国家命运紧密相连，把个人事业同国家社会需求紧密结合，在自己的岗位上做有价值的工作，就是值得自豪的事情。"

习近平总书记说："每一代人有每一代人的长征路，每一代人都要走好自己的长征路。"我们处在一个幸福的时代，不能忘记这是前辈艰苦奋斗的成果，也不能忘记肩负着的为中华民族的未来谋幸福、谋复兴的历史使命。把个人的奋斗与国家和民族的命运紧密联系在一起，在为人民利益的不懈奋斗中放飞青春梦想，砥砺前行！

卢冰：
将个人理想前途与国家命运紧密相连

卢冰，金融学院 2016 级博士研究生。研究方向为中国经济、国际贸易、国际金融，他的研究通过高度细化的微观数据，为评估汇率、房价等宏观冲击对经济的影响提供了微观机制。曾在 China & World Economy, Accounting & Finance,《金融研究》《世界经济》等期刊上发表论文多篇。曾获清华大学综合优秀一等奖学金、清华大学综合优秀二等奖学金、刘鸿儒奖特等奖学金、三井住友银行 (中国) 奖学金等荣誉。

作为一名博士生，和很多同学一样，在来到五道口金融学院之后，我一度非常迷茫，不知道应该选择什么领域作为自己的研究方向。公司金融？资产定价？还是宏观经济？学院在每个方向都有着最顶尖的导师，每一个选择都意味着放弃其他，这对我而言并不是一个轻易做出的决定。

在我读博士二年级那年，发生了一件对我国影响深远的大事。2018 年 3 月美国突然对中国发起了关税战，拉开了中美贸易争端的序幕。当时，气氛一度变得非常紧张。关于中美贸易争端，很多人都争论不休，有人说中美贸易争端只是短期的贸易摩擦，很快便会解决。也有人指出这是世界上两个主要经济体之间的长期竞争，并不只是表面上简单的贸易摩擦。如果连中美贸易争端的本质我们都没有搞清楚，如何谈很好地应对呢？在那一刻，我突然意识到，我们国家此时非常需要严肃的学术研究，来帮助大家理解中美贸易争端背后的底层逻辑，并为后续的一系列应对措施提供支持。因此我下定决心研究相关领域，投身于祖国需要的经济学研究之中，将个人前途与国家命运紧密相连。鞠建东老师是国内研究国际贸易的顶尖专家，在他的指导之下，我逐步进行相关的学术研究。

为了更好地对中美贸易争端问题进行研究，也为了接触到世界最前沿的研究，我于 2019 年底前往美国纽约哥伦比亚大学进行交流学习，导师是著名华人经济学家魏尚进教授。在交流学习期间，正好赶上美国纽约新冠疫情暴发。这次疫情的暴发，也给我提供了一个很好的机会，去近距离观察美国人民和政府在百年不遇的疫情大冲击面前最真实的反应。当我站在窗边，看到街道上示威游行的人群熙熙攘攘，并且他们还都不佩戴口罩的时候，我对美国社会的撕裂有了切身体会，也进一步理解了中美人民在文化、思维上的巨大差异，这些都为我后续进行中美贸易问题相关的研究打下了很好的基础。

在这里，我要特别感谢我的导师，以及学院的各位老师。交流学习期间遇见疫情暴发，我的心态一度崩溃。但在此阶段，老师们一次次主动找我线上谈话，关心我的实际困难，缓解了我在异国他乡的焦虑。在疫情期间，我也得到了很多人的帮助，最终顺利回国。这使我对"奉献"二字也有了新的理解。我非常希望能依靠自己的力量，去回馈他人、服务集体。为此，在回国之后，我申请担任班级的党支书，希望抓住在学院学习的最后一段时间，积极为班级、学院做贡献，开展好毕业班的各项党建工作。在努力做好学术研究的同时，积极投身于学生工作中，从一点一滴的小事做起，甘于奉献，践行清华人"又红又专"的传统和使命。

被学院举荐参加清华大学研究生特奖答辩是一个很好的机会，让我得以总结自己读博几年来的收获与成长，并在特奖这样一个大舞台中展示出来。为了向全校展示五道口金融学院学子的良好风貌，我非常积极认真地准备答辩。在初步拟定好思路之后，我首先和导师进行了深度沟通，在导师的建议下对展示的结构进行了大幅调整，从自己去美国交流学习遇到疫情这一个故事说起，从而引出自己关于中美贸易争端的研究。在做好 PPT 之后，我又联系学生办老师进行模拟演练，并根据老师们的意见进行修改。最后，考虑到答辩现场很多理工科的老师作为评委，因此我还特意让我的舍友，一个本科在清华自动化系就读的男生帮我提建议，从一名工科生的角度来评判我的展示。在展示内容基本确定之后，我又找了经验丰富的同学对我在展示时的动作、语气、神态等进行指导。这一切都让我的答辩水平有了很大的进步，展示的内容也从一开始的机械罗列成绩、社工、科研成果等，逐步完善成了讲述好自己的独特故事。在准备特奖答辩的过程中，我也结识了很多其他学院的特奖候选人，比如公管学院、物理系的候选人。他们都是来自各个院系非常优秀的同学，在和他们的交流过程中，我可以感受到他们的谦逊和努力，以及坚持不懈的品质。尽管在答辩开始之前，我非常紧张，但是其他候选人的鼓励让我勇敢走进了答辩现场，并顺畅完成了整个答辩过程，包括个人展示和回答评委提问。在整个准备的过程中，我付出了最大的努力，并顺利完成答辩。在走出答辩现场的那一刻，我获得了很大的成就感和满足感。这对于我而言，就是一种成功。可能很多同学也有类似的经历，当我们特别努力地去完成一件事时，最终让我们刻骨铭心的，是过程中的欢笑与泪水，而并非仅仅一个结果。

在毕业之后，我打算继续在高校从事相关的学术工作，为国家决策层积极建言献策，将个人的前途和国家命运紧密结合。这是我作为一名五道口金融学院的学子，和一名经济学研究者的使命与担当。

研路探臻篇

　　"精益求精，臻于至善。"本篇中的学子，他们在研究的道路上钻研求索，止于至善。他们醉心科研，一步一个脚印，行稳致远，如五年打磨一篇文章的邹奕权同学。他们细致入微，对于科研爱得深沉，要把论文写在祖国大地上，如回国从事三江源研究的周语夏同学。他们淡泊执着，精雕细琢，从传统文化中汲取成长的养分，如深耕雕塑艺术的吴蔚同学。……

　　研究生是一场修行，需要的不只是如火一般的对于工作和生活的热情，更需要似水的沉着与冷静。古人云："大学之道，在明明德，在亲民，在止于至善"，中国古代圣贤对于"大道至善"的追求激励着清华人在学术和工作方面不断追求卓越与完美。在探索真理的旅途中，清华人永远不会因一时的成就而感到志得意满，因为对于他们来说，最宝贵的事情就是不断探索真理本身。"格物致知"的精神在每一届清华研究生的探索中薪火相传。"研路探臻"篇中的学子就是其中的杰出代表。

魏钰明：
做学术，本就是一场不舒适的马拉松

魏钰明，公管学院 2015 级博士生，研究方向为公共管理与公共政策。曾在 *Public Administration* 等期刊上发表论文，作为主要完成人和执笔人撰写的研究报告获得党和国家领导人批示。曾作为项目负责人参与了 2019 中国科协高端智库项目和 2019 阿里活水计划项目，被评为"2019 年阿里巴巴优秀活水学者"。曾获国家奖学金、清华大学光华一等奖学金；清华大学研究生优秀共产党员等荣誉。

每一年的特奖答辩总被网友戏称为"神仙打架"，20 多篇 SCI、10 余项专利成了"标配"，仿佛没有拿过国家奖学金、没有当过学生干部，"申请表都不好意思填"。然而对于魏钰明来说，要不要读下去，却是他要考虑的首要问题。

"读博以来，我最大的感受是身边优秀的人实在太多，有发了几十篇核心期刊论文的学术'大神'，也有学生工作做得风生水起的社工'达人'，还有早早毕业拿到千万元年薪的开挂'人赢'。我时常会因为自己不够优秀和幸运而倍感焦虑，以至于总是质问自己：要不要继续下去？"

一场打破重塑的漫长修炼

魏钰明的研究方向是公共科技政策，政策科学的特点是与国家和时代主题紧密相关。"我最开始的研究主要关注光伏和核电等新能源领域，但从 2017 年开始，因为国际局势的变化，我国的核能发展步伐放缓，这个时候要再去调研就很困难了。"在导师苏竣教授的建议下，魏钰明也曾探索过许多新领域，包括电动汽车、新能源、自动驾驶等，"确定具体研究方向的过程挺艰苦的，我先后准备过四稿开题报告，研究领域换了一个又一个。"

2021 年，魏钰明关于地方政府回应公众诉求的一篇论文被公共管理领域顶级期刊 *Public Administration* 接收并在线发表。这篇文章，早在 2016 年形成了初稿，"一开始，我也曾自信满满地向导师汇报，但导师听完后却告诉我'写文科文章，不能着急，要反复琢磨，慢一点，再想想，再改改'。"就这样，他前前后后修改了 70 多遍。

为了能得到更多权威学者的意见，魏钰明不放弃每一次与他们交流的机会，"厚着脸皮带着这篇文章参加了六次学术会议"，反复打磨锤炼，好不容易形成一个令自己满意的稿子，"没想到投出后，审稿人反馈还是说我理论框架太薄弱，列出了三十多条修改意见，让我'大修'。"因为投稿之前已经修改了很多遍，按照审稿人意见再去修改的过程"简直像剥去一层皮，曾经有好几个星期，我都因为对审稿人意见束手无策而彻夜难眠。"那段时期，身体的疲惫和心理的压力一起爆发，"我特别焦虑，不断会否定自己，一直怀疑自己的能力水平。"

时至今日，魏钰明在向我们谈起这段经历时终于如释重负，"在修回的稿子获得审稿人一致认可的那一刻，我感觉到自己的心态蜕变了。""这段经历告诉我，做学术千万不要着急，急功近利只会徒增痛苦。只要不忘初心，即使慢一点，也能逐渐培养出潜心学术的专注，感受到超凡脱俗的舒适和心安。"虽然过程如同石子入水，无声无息，但看似不起波澜的日复一日，会突然在某一天看到坚持的意义。

魏钰明在国际会议上宣讲他的论文

但求负责，但求心安

魏钰明不是一个幸运的人，甚至是一个有些不幸的人。时间的指针拨回到 2017 年 3 月 27 日，一场打击来得猝不及防。为出国访学准备了大半年的魏钰明收到了对方学校的拒绝信，当天晚上又接到父亲给他打来的电话，父亲告诉他，他的母亲确诊癌症晚期，"还有三个月时间"。"那时我还在等待博资考结果，这一连串的突发事件把我打懵了。"从那以后的一年零两个月，魏钰明的生活发生质变，他不断往返于医院和北京两地之间，每一边待半个月，既不能落下学习工作，又忙碌奔走为母亲寻找治疗方案。

"在医院里，我见到了形形色色的人，有知名大学的教授，还有年轻的芭蕾舞演员，无论进来之前取得多大成就，进来之后都是只剩下'病人'的身份。许多上个星期还在一起聊天的病人，隔一周后我再去医院，人家就说他已经去世了。这种情况遇到了六七次。"魏钰明感叹道，"我感觉自己看开了，更成熟了，在长时期的身体疲惫与内心悲痛中，心态也慢慢变得平和，很难再被大悲大喜所影响。"

"2018 年 6 月 1 日，我再次申请留学基金委出国访学的资助也意外落选。紧接着，第二天早上母亲就去世了。"痛苦和糟糕的事情在魏钰明身上总是同时降临，所幸他一直是一个乐观的人。据他所说，这也许是因为他从来都不太走运，在人生很早的时候就经历了悲欢离合，对于未来，也算有了心理准备。"要说真走出悲痛的话也很难，因为到了现在，每到各种年节假日，包括母亲生日，都可以很真切感受到心里的伤痛，但是这些只能埋在心里，然后该干什么还得干。"

母亲病重期间，家庭为了治疗花费了许多，那段时期魏钰明在生活上有些困难，"心里就特别崇拜成功的人，发现别人成功得很快，自己也会受到诱惑。"那时，一些创业的朋友希望拉魏钰明入伙，甚至开出高薪，为他画出足具诱惑力的"大饼"。面对金钱和快速成功的机会，魏钰明也难免不动心。但在怀疑、摇摆、挣扎后，魏钰明最终拒绝了这些"诱惑"。"好在我比较负责，做一件事就会尽自己最大的努力去做好。每当我想放弃学术之路的时候，看到手上还没做好的文章和项目，都会把我的责任心唤醒。导师、同门和学院的师长们也一直鼓励和帮助我，导师苏竣教授不断从自己的工资里拿出钱来资助我。师母知道以后，还给我买衣服，让苏老师悄悄拿给我，我觉得特别温暖。"

表面的淡然和坚强是一颗仍然柔软的心，由于从小性格比较独立，魏钰明的父母担心打扰孩子生活，"整个本科四年我跟我妈只通过几个电话。他们怎么会不想念我呢，但他们更知道要克制，所以直到母亲突然没了，我才一下子明白，真的亏欠她太多了。"魏钰明喜欢在一个人的时候听毛不易的那首《一荤一素》：太年轻的人 / 他总是不满足 / 固执地不愿停下 / 远行的脚步 / 望着高高的天走了长长的路 / 忘了回头看 / 她有没有哭。

为公众去争取，让科技有温度

在魏钰明的研究领域中有一个基本的预设，那就是科学技术的发展和应用一定要服务于增进人类福祉。"过去由于我们过分迷信科学，而忽略了人文关怀，导致在发展和推广使用一些新技术的过程中仅强调效率至上，忽视了老百姓的体验和感受。"近年来，随着人工智能在社会治理中的参与比重逐渐提高，有关使用这一技术利弊的讨论也逐渐升温。"在哈佛大学肯尼迪学院访学期间，我比较关注国外知名学者对中国发展和应用人工智能技术的看法和见解。"在与导师反馈后，魏钰明的导师苏竣教授就认为，十分有必要针对这一情况及时撰写研究报告提交给有关部门。

在这个过程中，魏钰明先后 6 次往返于中美两国之间，与导师深入交流他在国外的所听所学，还加入了由哈佛大学国际学生组织的人工智能读书小组，广泛地参与这一话题的讨论。在此基础上，他与导师共同完成的政策报告产生了良好的政治、学术和社会影响，推动了全国人工智能社会实验工作的广泛开展，实现了公共政策研究从"理论研究—政策建议—政治决策—行政执行—组织实施"的全循环。

姚期智先生曾说过："对智能社会治理的研究可以改变整个领域的格局，使得我们在一个重大领域能够领先引导，对社会，对人民，对人类福祉都能产生巨大影响。"我当时听着，就觉得挺欣慰，从内心的满足感与成就感来说，真的感觉到自己的研究未来可能在一定程度上能给历史的发展作出一点贡献。

在魏钰明成长的过程中，无论是北大政管的"天下为公，报国为怀"，还是清华公管的"明德为公"都对他产生了深刻的影响，二者都强调公共管理学者不仅要在学术上关注民生福祉，更要在日常生活中尽己所能地为公众利益奔走疾呼。

魏钰明（第一排左五）作为公管博 15 党支书组织博士生党员学习党委书记彭宗超教授讲授的集体党课

学术马拉松，也是人生马拉松

"要不要继续下去？"这也许是每位博士生都会问自己的问题。面对现实的变故，利益的诱惑，理想的若隐若现，魏钰明的答案是坚持。"我也渴望成功，但是我也知道每一个成功的背后都是一定要把一件事情做好。"

为了不落下学术和家庭，魏钰明在母亲病重之际仍然选择不辞辛劳，两地奔波；为了对论文和研究负责，魏钰明坚持 5 年深耕一篇文章，不改到极致不罢休；为了对公共权益负责，魏钰明频繁往返于地球两端，为推动国家治理创新传递最新的观点与思考。"很多时候我也会犹豫，但最后犹犹豫豫的结果就是仍然决定，既然做了一个事情，还是先把它做好，不要轻易放弃。"正是由于不想让自己的努力白费，魏钰明力求在每一件选定的事情上坚持下去。例如他每天晚上都要去健身房锻炼一小时，"2015 年入学时我才 120 斤，现在练到了 160 斤。"

对魏钰明而言，人生长跑的终点线只是一个记号，关键是这一路是如何跑的。努力做一个对社会、对人类有益的人，这是魏钰明人生马拉松的执念。"可能因为生活的经历，我对权力、金钱和荣誉都没有特别强烈的欲望，只有一点，就是希望能够真正为人民、为社会、为人类做一点事情，回报那些曾经帮助过我的人。至于具体是什么，要让时间和历史来决定。"

魏钰明的理想，是成为一个像他的导师苏竣教授那样的人。"苏老师一心为国家做贡献的精神对我的影响特别大。在我的印象里，苏老师几乎没有怎么休息过。我在陪他出差时听他讲，2020年年初，他本想回老家好好陪伴一下年事已高的父母，但因为疫情，大年初二他和师母就匆匆从家里赶回来，又投入到紧张的工作中。"苏老师总是教导我们说，"做人不要有太强的得失心，只要你坚持着把事情做好，时间一定不会亏待你的。"

魏钰明（右四）与导师苏竣教授、学院党委书记彭宗超教授及师门师兄们合影

特奖对于魏钰明来说不代表将来，而只是对过去工作和经历的一个见证。他没有发过很多文章，也没有拿过太多荣誉，他经历了许多变故，也忍受了许久寂寞，他不是遥不可及的天才少年，而更像一位亲近的学长。他用自己的故事告诉我们，特奖是一条漫长的路，没有捷径，甚至也看不到前方，唯有一步一步地摸索，小心翼翼地前行。正如《基督山伯爵》中最后所写："人类的全部智慧就包含在这两个词里面：等待和希望。"

张学强：
我与锂电池的故事

张学强，化工系 2016 级硕士生，师从张强教授，研究方向为化学工程与新能源材料。硕士期间累计发表 SCI 论文 13 篇，总引用次数超过 800，其中以第一作者身份（含共同一作）、以清华大学为第一单位在国际顶级学术期刊上发表 SCI 论文 6 篇，其中 3 篇入选 ESI 高被引论文，1 篇入选 ESI 热点论文。2018 年 6 月获评清华大学"学术新秀"称号。

"我的导师是张强教授，我叫张学强。和导师撞名，似乎冥冥中也预示着我的学术之路是一种'缘分天注定'，更是一段'强强联合'之旅。"为什么说这是"强强联合"之旅？这不仅指的是名字里的"强"，更是努力追求"更强"的目标。

走"更强"的科研道路

谈起当初攻读硕士的初衷，张学强这样解释道："我其实是想给自己两年时间去试一试错，万一事实证明自己不适合做科研呢？"

这个"万一"最终没有发生，事实证明他爱上了这条科研之路。"学术理想远大、科研视野宽、工作能力强，是不可多得的高水平研究生。"张强教授这样评价自己的这位学生。

在导师的指导下，研二的张学强累计发表 SCI 论文 10 篇，其中以第一或共同第一作者身份在 *Angewandte Chemie International Edition* 等国际顶级学术期刊上发表 SCI 论文 7 篇，其中 2 篇入选 ESI 高被引论文，1 篇入选 ESI 热点论文，并受邀成为 *Journal of Energy Chemistry*、*Energy Storage Materials* 等国际期刊审稿人。

找到自己科研兴趣的张学强决定安心地在科研道路上走下去，准备硕转博。对于未来的职业规划，张学强也有着清晰的定位——不论是去企业还是去高校，都要"搞点研发"。张学强认为这样的选择和自己性格有关，他不属于"想法很多"的那一种，相反地更善于付出行动，"去哪都好，只要能够好好干"。

传奇课题组："我的榜样是导师，偶像是师兄"

在化工系，张学强所在的课题组颇有传奇色彩。成立 7 年来，共产生 4 位清华大学研究生"学术新秀"。曾在研究生毕业典礼上作为毕业生代表发言的唐城也是张强教授的学生。

在这个课题组中，"学霸"似乎是一种传统，而这种传统则是由导师开启的。张强教授是 2008 年的清华研究生"学术新秀"获得者。

张学强眼里的导师是一个"很强"的人，"非常聪明、精力也充沛"。有时候他在凌晨一两点都会收到导师的邮件，而在第二天清早又看到导师准时出现在实验室，开始一天的工作。

但张强教授并非"push"（原意为推，引申为严格或施压）型老师。"我们不打卡，他始终强调兴趣才是学习最好的驱动方式。"然而组内的每个人却都不敢懈怠。他坦白说，自己的工作程度在组内只能属于"中游水平"。

独学而无友，则孤陋寡闻矣。这一点对一些科研工作者而言感触犹深——日常的生活圈几乎都在实验室，因而同组同学的交流也就尤为重要。

这样的交流不仅仅是实验室排解压力的"小确幸"时光，更是偶尔能够让人灵光一现的"Aha Moment"（顿悟时刻）。在一次与同学的交流中，张学强偶然间了解到电池中常用的 $LiPF_6$。这种锂盐很容易水解，对于电池很不利。而仔细调研后，他发现 $LiPF_6$ 水解产物中就含有大量他们需要的产物。"这真是踏破铁鞋无觅处，得来全不费工夫。"这种瞬间的发现如同打通任督二脉，让他感到特别开心。

谈到自己的同辈学术偶像，张学强提起了已经毕业的唐城。张学强笑道："其实男生崇拜男生是一件不太容易的事情，但唐城师兄是真的知识储备量很大，对很多事物和观点都很新奇。"

张学强（右二）参加中国化学会第 31 届学术年会

在细节中打好"更强"的基本功

张学强在本科时虽然也是化工专业，但是所研究的领域和锂电池丝毫不相关。刚进组的张学强就像一张白纸，他与锂电池结缘后，便开始了"萌新"的"打怪"升级之路。

但这并非一帆风顺。刚开始时，张学强甚至无法分清各类电池。为了熟悉电池装配、克服手抖问题，张学强在入组两个月时间内，组装了 1000 多只电池，平均每天组装 20 只。因此他曾一度"霸占"实验室的测试通道。在 1000 多次的练习后，他的电池装配成功率也越来越高。"在第一次自己动手装配的 8 个电池中，只有一个是成功的。后来我一次性组装了 56 个电池，只有两个失败。"

张学强认为在这个过程中，他的收获比预期多。"怎么放、放多少东西、怎么封口，这些都是小细节，但是却决定了存活率。"

他将这段经历描述为"打好基本功"。

刚进入课题组的时候，在导师的建议下，张学强尝试通过写文献综述的方法来增加文献阅读量。那段时间，除了上课和实验之外，张学强将全部精力都用在了如何写好一篇综述上。可能是因为过于专注，有时候清晨四五点人还没醒的时候，他的大脑就已进入工作状态，开始构思文章的写作。"醒来的第一件事就是抓紧记下自己刚刚'梦'到的内容。"

就这样，张学强在 30 天内，完成了 200 多篇文献的阅读，并撰写出 18 页英文综述的初稿。功不唐捐，这篇综述在出版之后的 18 个月内，成为该期刊创刊以来引用量前 30 的文章，并入选 ESI 高被引和热点文章。

张学强眼中的自己并不是"天赋型选手"，只是对自己所做的事情有笃定、有热情、有信念。正如林语堂曾说的，"人生必有痴，而后有成。"

怀"更强"的使命：胸中有沟壑，眼里存山河

做科研需要有一种使命感。张强教授在接受《人民日报》采访时说："我们赶上了国家重视科技创新、支持前沿技术研究的好时代，当前国家对能源的需求很大，能为国家需要的领域做点事情，我感到幸福。"

导师的影响是全方位的、润物细无声的。张强教授言传身教的"科研使命感"，也影响着张学强。

在全球化与城市化的背景下，能源的高效存储和转化方面的要求越来越高。在多种储能系统中，锂离子电池在全球市场中占据了越来越高的份额。金属锂具有极高的理论比容量和最低的氧化还原电极电势，因而成为了下一代高能量密度储能电池（下一代固态锂电池、锂硫电池、锂空电池等）最理想的负极材料。

2018 年 5 月，参加完在深圳举办的全国锂电池大会后，张学强更是真真切切感受到了中国制造业的崛起，它已经不是"原来的那种粗放的模式，而是朝着高精尖的方向发展"。

现在，不少学理工科的同学都有转向金融等方向的愿望，张学强也感受到来自周围同学的躁动。然而对他而言，"钱很有吸引力，但自然奥秘更有魅力"。他想要提高电池的续航能力，想要解析电池内部的原理，为国内电池科研领域"更强"添砖加瓦。

"我们在电池循环稳定性的提升上取得了一些进展，虽然离实用化还很远，但是科研本身就是这样一点点进步的。"

崔亚峰：
脚踏实地，做个有用的人

崔亚峰，机械系 2018 级硕士研究生，研究方向为软体机器人。在新冠肺炎疫情期间，他曾积极投入到咽拭子机器人项目中，为该项目的成功做出了重要贡献。他所牵头成立的创业团队已研发出软体机器人康复手套等三款产品，曾获第八届清华大学校长杯创新挑战赛十强、第六届清华校友三创大赛先进制造赛道优秀奖（京津冀鲁＋北美）、第八届中国创新创业大赛大中小企业融通专业赛复赛三等奖等荣誉。

"我们是清华机械系，能上肯定要上"

2020 年 1 月 26 日，大年初二，崔亚峰接到了导师赵慧婵老师的电话，约他初三到办公室见面。当时，机械系系主任汪家道教授联系赵慧婵老师，希望她作为青年教师，能为抗击疫情做些工作。接到通知后，赵老师第一时间想到了身处北京的崔亚峰。崔亚峰回忆说："当时已经报道人传人了，我就想等疫情过去再回家，所以留在了北京。"

大年初三，崔亚峰和赵慧婵老师见面。他们计划研制出咽拭子采样机器人。疫情防控中，对病患的咽拭子检测尤为重要，采用机器人则可以提高检测的效率、减小医患之间交叉感染的概率。崔亚峰和赵老师主攻的研究方向是软体机器人，因此，攻坚的任务"当仁不让"落在了他们的身上。崔亚峰用朴素的话语描述了当时接受任务的心情，"抗击疫情，大家都想出份力""我们是清华机械系，研究软体机器人，在院系的带领下，能上肯定要上"。

我已经半年多没见过下午四点的太阳了

不过研制的过程却是一波三折。

在当时，在全球范围内是没有咽拭子机器人的先例可供参考的。同时，由于机人是要直接应用于一线的，每一步都必须设计得万无一失，不仅要保证咽拭子取样、检测的可靠，更要保证医生与患者之间的可靠隔离，杜绝交叉感染。

如果是人工取样，医护人员可以轻松地用两根手指操作咽拭子。不过，机械手臂却很难完成这个看似简单的动作。"用两指结构去抓咽拭子，很不稳定，会来回摆动。"为解决这个问题，崔亚峰设计了一款周向对称的柔性驱动器，在两指夹持的基础上实现圆周均匀施力，从而使得机械手可以稳固地操作咽拭子。"这是我和合作者攻破的第一个难题。"

之后，崔亚峰和团队又遇到了另一个难题——如何避免交叉感染。用他自己的话说，"如果解决不了交叉污染的问题，项目随时面临中止的风险。"在取样的过程中，病患呼吸的空气可能污染机械手臂，因此只要在采样、留样、存样等过程中同任何机械臂产生接触，都会存在感染的风险。

为了解决这个问题，团队进行了多次讨论，确定了负压泵的方案。根据设计，在采样时机器人和患者之间有一个玻璃防护罩，机械手臂从防护罩上的小洞伸出。而患者会戴一个咬口器——就像测肺活量时戴的那样，咬口器前也有一个挡板。这样，真正可能有空气接触的只剩下咽拭子和口腔之间这样一个很小的通道。通道上设计了负压泵结构，可以迅速将空气抽走，实现中空状态，避免患者的气流接触到咽拭子和机械手。此外，机器人可以实现全流程的自动化，采样完成后机械手臂可以将咽拭子折断放到病毒保存管里用于后续核酸检测，全程保证医生、患者、机器人之间的完全隔离。为了防止负压泵没有达到预定的真空度，机械手还配套有消毒系统，消毒时间为

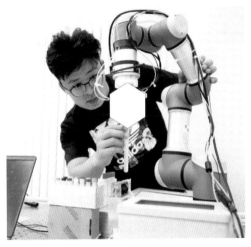

崔亚峰在实验室调试机器人

两到三分钟，提升了检测的效率和可靠性。

功夫不负有心人。2020 年 2 月 10 日，机器人的初代样机成型，基本实现了采样、留样、消毒的功能。3 月，项目得到了清华大学医学院应急专项的支持，并开始与清华长庚医院耳鼻咽喉头颈外科合作，进一步完善检测系统。6 月，项目通过了清华大学伦理委员会的审核后，团队完成了 20 例人体实验验证。6 月中旬之后，团队与北京博奥集团的程京院士进行了合作，为其新冠病毒移动检测实验室研制了车载式咽拭子采样机器人系统，崔亚峰仍然负责其中咽拭子采样机器人的设计工作。10 月 19

崔亚峰（左一）与师弟邵琦在博奥调试咽拭子采样机器人

日，新冠病毒移动检测实验室交付给广东省珠海市人民医院。

从 1 月 26 日到 10 月 19 日，历经 9 个月的艰苦奋战，终于成功研制出来采样机器人。这期间，崔亚峰几乎全勤，总共休息不超过 10 天，其中还有 3 天是因为 6 月北京新发地疫情暴发他被强制要求不能进校。"第二天，我就让师弟把我的电脑带到校门口，我拿回去做实验写数据。"拿到电脑时是下午四点，崔亚峰突然想到"我已经半年多没见过下午四点的太阳了"。这段时间，崔亚峰每天早上九点到学校，时常在实验室工作到凌晨一两点。只有中午十二点和晚上六点时会去食堂打饭。

普通的特奖人

之前崔亚峰从没想过申请特奖这种事。"作为学生的话，就是要好好写文章，好好做科研，这就可以了。"同时，崔亚峰认为自己只是个普通的硕士生，并没有"那么优秀"，甚至在刚刚考研进清华的那段时间，总感觉自己"特别菜"，非常不自信。

对于申请特奖，崔亚峰十分感谢他的导师赵慧婵老师。在疫情科研攻关初期，崔亚峰遇到许多不会的问题，赵老师就手把手地教他，遇到不会写的代码，赵老师就自己写好，然后让崔亚峰自己去理解这些代码，几次后，崔亚峰也能够自己熟练地完成这些工作，写出自己的代码了。就这样，在赵老师的指导下，崔亚峰攻克了一个又一个的难题，半年以后，他从实验室再次走出时，猛然发现自己成长了许多，甚至院系也建议他争取特奖的荣誉。

最开始，崔亚峰对于申请特奖始终犹豫不决，最终在老师与院系的鼓励下，崔亚峰也改变了自己的想法，"该争取的要尽量去争取"，清华园内推崇行胜于言的校风，大多数同学也是如此践行——但做出踏踏实实的成果固然重要，也应该勇于站出来为自己的成果宣传，"其实从我的价值观出发的话，优秀的含义就是做个有用的人"。

可以说，这样的想法十分地实在、接地气，就像园子里每个普通的同学一样。"这些点点滴滴的付出，我觉得都是非常优秀的。个人在一个团队中，如果大家对你都是认可的态度，觉得你这个人靠得住，这就是对你非常高的评价了。"

让好的成果得到人们的认可，让尽力帮助他人的人得到荣誉，这或许就是他参与特奖评选的初衷。比起标签，成为一个站得出来、脚踏实地、对大家有用的人，对崔亚峰来说意义更重大。

导师的言传身教

疫情期间，崔亚峰的导师赵慧婵老师给予了他很多支持。而赵慧婵老师，在各个方面都一直支持着他，影响着他。

2019 年 9 月，崔亚峰成立了一个创业团队，"当时我们是上了经管学院的课，正好我手头有一些项目可以用来创业，后来大家对这个项目评价还挺好的，我们就去参加了比赛"，作为 132 支参赛队伍当中唯一的一个学生团队，崔亚峰的团队拿到了三等奖。在这个过程中，赵老师一直鼓励他，尊重他的选择，看到学生全面发展，赵老师也十分欣慰。

赵慧婵老师一直把学生的利益放在第一位，为他人着想。有时候，学生买一些东西，手头的钱不够，赵老师就让学生把付款链接发给她，免得学生在报销之前资金拮据，在报销时，赵老师也会自己整理报销单据，亲自去找财务报销，这无疑会增加老师的工作量，但为了让学生更方便，赵老师还是不辞辛劳，多方奔波。"每次遇到这些困难的事情，赵老师都是先帮助别人，尽管自己更辛苦，但是她乐此不疲，在这方面，赵老师很值得我学习。"

赵慧婵老师乐观向上的态度也感染着崔亚峰。"虽然她很忙，但是她每天都保持一种乐观开朗的心态，不会将任何烦心事挂在心头，即使事情再多，她也总能保持一种积极的态度，我觉得非常难得。"崔亚峰说，"不管是从个人能力、学术水平、还是为人处事，赵老师都是他最好的榜样。"为他人着想，保持积极乐观的态度，这是崔亚峰从他的导师身上学到的最重要的东西。

在申请特奖的材料中，崔亚峰强调了自己的党员身份。崔亚峰说，之所以强调党员身份，是因为党员的责任和使命，与自己的价值观非常相符。疫情期间，崔亚峰对"共产党员关键时刻冲得上去、危难关头豁得出来"的观念十分认同。"就比如咽拭子机器人这个事，我是唯一在学校的学生，假如我不参与，就没人参与了。"共产党员，就应该如此，在关键时刻站得出来，豁得出去，不辜负身后人的期盼，不闪躲迎面而来的危险。党员这两个字从来不是虚无缥缈的概念，他们是像崔亚峰这样的形形色色的人，各有各的特点，但他们又有着一样的共性，即为他人思考，为社会奉献。

仇晶晶：
历辛磨砺　化难为"晶"

仇晶晶，化学系 2016 级博士研究生。研究方向为物理有机化学，研究关注氮杂环膦氢试剂氢转移过程热力学和动力学的研究以及相关的合成应用。她通过实验建立了该类试剂的反应活性标度，揭示了其超强的负氢还原能力，并首次发现了该类试剂的自由基反应活性，同时应用其超强的电子还原能力进行了一系列惰性化学键的化学选择性活化。曾在 *Angewandte Chemie International Edition*，*Chemical Science* 等期刊上发表论文多篇。曾多次获得国家奖学金、博士生论坛口头报告奖、清华大学化学系分子科学中心 IKA 奖学金等荣誉。

"很多人认识我都是从我稀有的姓氏开始，我也因此有了很多不同的名字，但是我希望以后大家认识我是从我的学术开始，也希望自己能够坚定地走在化学键连接的路上。"

仇晶晶在基础分子科学中心前留影

尝试与挑战

当聊到当初是如何与分子中心相识的故事，仇晶晶说："说实话，我们的相遇是一种偶然。2015年的夏天，我抱着一种尝试的心态报了清华的夏令营，参加了刚成立不久的基础分子科学中心的面试。"

真正将她吸引进CBMS（Center of Basic Molecular Science，基础分子科学中心）这个大家庭的，是在面试过程中程津培老师提出了这样的一个问题，"我们这个学科，需要学生除了有非常坚实的基础知识之外，还要有很坚毅的克服难题的精神，那么你有什么经历能让我知道你具有这种精神呢？"这样看似非常普通但又有点"劝退"的问题，却在仇晶晶的心中点燃了她对这个学科的第一缕热情。"当我听到了这个问题时，我的脑海中突然就有一种声音在告诉我，我要去挑战这个问题。"仇晶晶在访谈中提起这段经历，即便已经过去了五年之久，她的眼中仍然能闪烁出当时听到这个问题时的激动。最后凭借着精彩的自我展示，他获得了评委的认可，当晚就收到了预录取通知。

事实证明，当初的那份激动，以及面试中成功的互相选择，共同促进了她今天的进步。

偶然与必然

由于当时CBMS刚刚成立，仇晶晶目前也是组内的元老级成员了，在她眼中，程老师组内的风格和CBMS内部的风格，都是更强调科研的独立性培养，几乎每个人的手中都有方向不同的课题，平时遇到了自己课题上一些难以解决的实验技术或者思路上的问题，休息的时候大家就一起探讨，吸取其他研究方向和思路，这对于自己的课题而言也是一种启发。"这是在CBMS特别受益的地方"，她说道。

事实上，仇晶晶在获得国家奖学金的道路上，可以说是披荆斩棘，历尽艰难。基于物理有机化学的学科性质，程老师注重培养学生的科研思维以及独立科研能力，所以更偏重于让学生在科研探索中自己寻找研究方向。对仇晶晶来说，这种"散养"模式的培养是一项巨大的考验，虽然自由，但是要求却并不随意，甚至还更为严格。她花了两年的时间才找到自己第一个课题。当谈起自己的最初的科研之路时，仇晶晶颇为感慨，"我在最初的两年间，主要任务是阅读各种文献，看到同年级的同学都忙于自己的课题实验，我却仍然在一遍遍地读文献，每天都非常担心。直到二年级下学期，在程老师的帮助下，我有幸与德国科学院院士 Herbert Mayr 教授和当时在南开大学任职的薛小松老师进行了学术探讨，得益于这次探讨，我的第一个课题终于诞生。"得到了领域内"大牛"的肯定和指点，仉晶晶觉得自己在这条荆棘之路上看到了一线希望，再加上两年多时间的文献学习，积累了大量知识，她关于氟试剂基团转移动力学方面的研究最终发表在期刊 *Angewandte Chemie International Edition* 上。谈起第一篇文章的发表，仉晶晶表现出难以掩饰的激动，对于她来说，这是一次勇敢尝试，努力突破自己最终获得成功的喜悦，这样的成功也使她慢慢地养出对科研独有的"感觉"。

这样看似偶然的成功，其实背后所付出的努力是难以计算的。谈起这段经历时，仉晶晶没有表现得很轻松，从最初对于找不到课题的担心和恐慌，到真正涉及物理有机方面的知识学习时的迷惑，"都让我晚上睡觉都睡不好，时常因为思考一个搞不明白的问题而彻夜难眠，我是一个喜欢较真的人，觉得在研究学术这方面，需要钻些牛角尖"，仉晶晶坦白道。

整个组的研究方向属于物理有机指导下的键能研究，属于更深层次、更本质性的有机化学，对于理论知识的要求会更广博，"现在回头来看，那两年夜不能寐，甚至半夜想到一些问题的解释都会激动地起床记录的日子，为我的理论知识打下了坚实的基础。"至于在研究中最重要的"转折点"，对于她而言，没有一蹴而就，只有积少成多。正所谓机会是留给有准备的人。功夫不负有心人，之前的多听、多看、多想才能让她在遇到问题时能够回归问题本质找到突破。"要相信自己的努力，只要是足够投入，都会变成自己的实力。"这句话，是仉晶晶希望大家铭记的。

助力与鼓励

正如标题中所说的那样，处在科研的工作圈中，除了需要那份"锲而不舍，金石可镂"的精神，还需要包括导师在内的许多人的帮助。

虽说组内的管理方法追求"自由发展"，但是每个人所开展的独立课题却并不只允许"灵光一现"，将灵光变为现实的背后，是与导师多次讨论后敲定的结果。"虽然程老师组内并不'push'（原意为推，引申为严格或施压），在学术上给学生足够的空间，但是我们平时有着怎样的情绪，以及在工作汇报中展现出怎样的工作态度，老师全都看在眼里。""其实程老师很关心我们，即便身为院士，每天有很多工作要处理，但是我工作展现出精神状态懈怠的时候或者平时做的有所不足的地方，老师都会及时提醒。"

究竟是什么样的指点会让她如此感慨呢？仉晶晶笑道："程老师有时候会在组会上和我们谈论他自己当年求学的经历，希望我们有所收获，我很多次都收到程老师洋洋洒洒数千字的劝诫和督导的邮件，每次看到，内心都非常触动，每次和程老师谈话结束之后，我都觉得自己对生活充满希望，这种感觉也愈发强烈。"

其他老师的帮助对她而言也同样重要，她特别感谢了组内的杨金东老师和吉鹏举老师以及当时在南开大学任职的薛小松老师。在她开展自己的第一项"P—H键"的相关研究工作时，几位老师都给予了很大的帮助。她告诉我们："磷氢键的研究是我确定的研究大方向，因为它性质特殊，反应性很强，所以具有很大的研究意义。然而也会有很大的挑战。拿到参数花费了我很长时间，这些试剂太活泼，合成难度大，测试难度更大。"

拿到数据的仉晶晶没有就此停下脚步，她坚持科研要走向应用，最终依靠自己比较扎实的基础知识和文献积累，围绕着"P—H"键展开了六项工作（两篇论文还未发表）。

课题组合影（第一排中间：仉晶晶）

同时她也非常感谢组内同学和 CBMS 的老师和同学们对她科研上以及生活上的帮助。她感慨道："沮丧时他们给了我很大的力量和勇气，在读博的这条道路上，大家都不容易，互相取暖的情谊特别珍贵，我所有的一切都离不开集体。"她还记得在她左手骨折不方便开展实验但又不想耽误实验进度时，她的好朋友张雯雯利用休息时间帮她进手套箱投反应、装柱子等，这一系列的"友情援助"让她特别感动。

"独行快，众行远，因此我快速独行的时候不忘和大家一起进步。"

分享与释惑

初入科研，总会感到在浩瀚的文献海洋中无法找寻到前进的方向，感觉什么都可以做，又什么也做不了。同组的师弟师妹们也常常被这些事情所困惑，我常常将自己的亲身经历分享给他们，建议他们多储备、多交流，学到的东西终有一天会有用处。坚持与坚定，是科研中非常重要的两个因素，将科研当成自己未来的事业去奋斗，坚信"苦心人，天不负"。

周语夏：
走向广阔的自然，探寻原始的野生与风景河流

周语夏，建筑学院景观学系 2018 级博士生，研究方向为国家公园与自然保护地、自然风景河流保护与修复。曾参与中国工程院主导的"秦巴山脉绿色循环发展战略研究（二期）"项目国家公园组，以及我国首个国家公园体制试点"三江源国家公园"的生态体验与环境教育专项规划及野生河流价值识别与保护研究课题。参加美国"野生与风景河流法"（WSRA）50 周年纪念学术研讨会、第一届中西部流域水生态环境保护研讨会等国内外重要会议。

对周语夏读博期间的科研与实践，导师刘海龙副教授给予了高度评价："她在'基于国家公园体制的中国自然风景河流保护与修复'领域做了很多开拓性研究，包括国际政策工具比较、国土尺度河流空间制图、三江源地区及西部河流评估等，作为核心成员完成中国工程院、自然资源部与三江源国家公园管理局等多项课题，并在美国河流管理学会、中国水利学会等多个国内外组织的学术会议上做报告，展现了非常出色的科研能力与组织交流能力。"

选择适合自己的道路，没有退路也没有遗憾

"在许多人生的十字路口，我们面临抉择，也许受限于当时的小环境，我们的选择会有一定的'趋同性'或'从众性'，但更重要的是，我们是否能发现并勇于选择'适合自己的道路'。"

周语夏硕士毕业于美国宾夕法尼亚大学，在面临继续留学深造还是就职国外景

美国"野生与风景河流法"（WSRA）50 周年纪念学术研讨会（第一排左二：周语夏）

观事务所的选择时，周语夏选择了一条"另类"的道路："在我那一届毕业生中，只有我一个人选择毕业回国考博。"

谈及回国的初衷时，周语夏解释说："我自己更喜欢理论研究这条路，我能感受到自己在每个工作室（studio）的研究（research）部分都会有更大的热情，比如做过的土壤结构研究、蘑菇与菌丝体扩散的形态探索、城市生长或消亡原型探讨等，我沉浸在其中非常享受；而且，最重要的是我想研究中国的现实问题。"怀着这份坚定与志忑，周语夏在清华大学建筑学院开始了新方向的研究。

周语夏本科、硕士和博士的专业或研究方向分别是建筑学、景观建筑学、国家公园与自然保护地体系研究，从建筑设计，到城市景观营造，再到国家层面的研究，"我的学习过程经历了一个从小尺度向宏观尺度的转变过程，一步步的选择有偶然因素也有必然因素，我也曾经经过很长时间的摸索与迷茫，但是在清华的时光让我对未来职业发展有了更清晰的认知与更为明确的使命感。"

挖掘枯燥文字背后生动的故事

"从法案冷静的文字，到丰富的学术交流与体验，我想我的研究开始拥有了更多生命的活力。"

　　由于宾夕法尼亚大学的景观教育以培养职业景观设计师为主要目的，在初到景观学系时，周语夏还是一名只会画图的"科研小白"，"景观研究课题的尺度之宏大让我十分惊讶，对国家公园与自然保护地的研究方向更是陌生。"

　　来到清华求学后，导师刘海龙副教授结合周语夏的留学经历，指导她进行美国《野生与风景河流法》（简称 WSRA）的了解和学习，从啃各种拗口的英文法案条例文件开始，慢慢梳理与构思出第一篇综述文章。然而，这一过程并不顺利，"虽然把 WSRA 的基本立法流程、条件、依据、限制等各种内容梳理清楚了，但有些枯燥的法案并没有让我完全找到研究的乐趣。"

　　在她的论文完成后不久，美国将要举行一次关于该法案成立 50 周年的学术研讨会，周语夏作为一名青年学者重返美国，做了一场分论坛汇报。在会场上，周语夏意识到那个曾经被她一字一句琢磨过的枯燥法案，在这个会场已经变成了与河流之间生动的故事。她讲道："政府官员、NGO（Non-Governmental Organizations）组织、漂流船长、River Manager（河长）、学者专家等，所有关心野生与风景河流的人，以及参与到河流保护与游憩活动中的人，在这里都会找到自己的兴趣点，分享自己的故事。"

　　正是这次特殊的经历，让周语夏第一次感受到在这个法案之上承载的是人们保护河流、沉浸自然的情感、热情与本能，更让她认识到投入自然保护事业的价值与意义。

周语夏在美国 WSRA 学术研讨会作报告

混迹三江源，走向人迹罕至的荒野

"我想，与三江源的相遇，不仅帮助了我更深入地开展课题研究，更在我的人生中留下了浓墨重彩的一笔。我感激那片遥远的土地和这段经历带给我的成长，也期待着能再次回到那里。"

周语夏刚进入课题组接触的第一个科研项目就是《三江源国家公园生态体验与环境教育专项规划》，这是中国第一个国家公园试点，三江源是长江、黄河、澜沧江的三江源头，位于遥远神秘的青藏高原腹地。然而由于项目调研已经完成，周语夏只能参考着各类文献与游记来构思书面报告，但她始终都怀着亲历这份壮观景象的期望。

听到清华山野协会将组织一个去往三江源的科考队，周语夏决定带着对"中国的野生与风景河流"考察的目的参与其中，这一决定也得到导师的大力支持。经历了近 3 个月高强度专业训练，周语夏终于踏入三江源的土地。

"2018 年的夏天，我在三江源的澜沧江园区混迹了将近 1 个月，以杂多县昂赛大峡谷的巴艾涌为营地，开始去周边徒步。"作为科考队课题负责人，周语夏组织队员以专项规划中的生态体验项目为蓝本，设计了徒步路线与调查问卷。"每一天结束，我们会围坐在帐篷里，填写体验过的项目问卷，我们想以访客的身份来测评国家公园生态体验项目设置的合理性和体验感等。"并最终将调研内容整理成一份科考报告提交给杂多县政府，为建设三江源国家公园提供宝贵的参考意见。

喇嘛诺拉转山徒步合影

周语夏在三江源徒步

"在三江源，我第一次触摸最'野'的河。"三江源之行的后半程，周语夏与导师刘海龙副教授一起在专业漂流者的带领下，同来自美国及澳大利亚的国家公园专家等人，共同开启了长达10天、总长120多公里的漂流之旅。关于这段经历，她回忆道："在这里我真正触摸到了河流的野性脉搏，也让我真正融入自然的节奏之中。"

同时，这也让她意识到城市里的河流都被过度"驯化"，而我们需要去聆听自然的节奏，需要将"野性"的河流保护下来。周语夏还注意到即使在三江源这样人烟稀少的地区，道路建设、河床采砂等人类活动正在威胁着这些珍稀的河流。那么中国还有多少"野生与风景河流"呢？这些河流面临哪些威胁？这些问题与思考逐步引导着周语夏开展下一步研究，并继续走向更广阔的自然，探寻更原始的土地。

澜沧江源漂流

亦师亦友的导师与独当一面的'家人'

"博士研究是一场拉力赛，虽然研究会被各种事情所打断，但思考需要一直进行着。"

周语夏深受导师刘海龙副教授治学严谨，潜心思考的作风影响。"他是一个一直在思考的人，这也是我希望我能做到的。"

"在澜沧江漂流时，刘老师并没有完全地放松并融入河流的节奏中，他时刻思考着这次考察对于下一步河流的研究有什么样的帮助？"周语夏还提及导师给她安排访谈任务，并要求她每天记录在河流上的感受，这让周语夏认识到这些记录都是之后研究中理性之外最珍贵的直觉，许多研究的构思就是在这种日常的"随笔"之中产生的。

周语夏还调侃说："刘老师看起来温文尔雅，但没想到他确实是一个户外达人。几次三江源的调研，这让我更加全面地认识了我的导师，他体能极佳，户外技能丰富，看来在清华景观系做研究，真是得能文能武才行。"

在聊到课题组成员时，周语夏用"麻雀虽小，五脏俱全"来形容。在小体量的团队中，周语夏得到了很多的督促与锻炼。"团队中每个人需要独立负责一个研究课题，从基金申请到学术研讨会，在这个如创业团队一样的课题组里，我慢慢褪去了'学生思维'，开始成长为一名'青年学者'。"科研的道路虽然是独自前行攻坚，但在同窗的陪伴下，前行路上增添了许多的鼓励、启发与温暖。

刘海龙副教授课题组聚餐

做科研只有沉得下心，才有面对精彩世界的从容洒脱

"选择做科研，也是选择一种生活方式，虽然时间的支配更具有自由度，但科研与生活的边界也会逐渐模糊，思考不会停止。"

科研有非常丰富绚烂的一面，学术交流、调研考察、出国访学、科研项目……但它也有非常安静的一面，需要能静得下心写文章、读文献、理思路。科研的道路上需要真心、热情、意志与使命，在理性文字之下需要有真实的感受、诉求与情感，周语夏始终希望一直能保持着这种"真实性"，能够让理论研究、让数据分析真正地落在现实中。

"科研的旅程就像一次海上航行，令人向往但是又充满艰险，我们逐渐驶离热闹的人群与热切的欢呼声，漂向茫茫大海。我们可能会迷失前行的方向，会感受到无限的孤寂，会觉得日复一日的风景毫无变化也看不到边际，但当我们最终完成这次旅程时，一切的考验都会化作我们生命中最坚毅的一部分，让我们看到生命与追求更远、更广、更深的可能性。我也还尚未上岸，与各位同学共勉。"

邓铸：
打造监测全球气候变化的
"碳测器"

邓铸，清华大学地球系统科学系 2019 级博士生，师从刘竹副教授，研究方向为高分辨率碳排放清单构建。读博期间，邓铸构建了当时唯一近实时更新的全球碳排放数据库 Carbon Monitor，该数据库已被联合国环境署、世界气象组织等国际机构作为基础数据采用。曾获研究生国家奖学金、北京市"三好学生"、全球零碳未来青年峰会最佳论文奖等荣誉，曾任研工部思教办德育工作助理、地学系研会主席、地研 16 班班长等职。

坚定一个目标

碳排放数据不仅是气候变化科学研究的基础，也是衡量各国减排责任的"标尺"。然而，当前的碳排放数据库还存在着时间分辨率低、更新滞后等缺陷。随着全球气候行动日益趋紧，人类的碳排放亟须被更加动态、准确地监测。然而，如何实现碳排放变化的动态监测是一直未被解决的世界性难题。从读博阶段开始，邓铸便跟随地学系副教授刘竹，围绕"高分辨率碳排放清单构建"的方向开展了研究。

进入读博阶段后，邓铸面临的首要问题就是专业知识的学习。此前他主修遥感与地理信息科学，较为缺乏排放核算方法以及生态、大气学科的相关知识。为了尽快补足短板，一方面，邓铸把图书馆里相关的专业书籍都借了出来，恶补基础知识；另一方面，邓铸把导师和相关合作者发表的文献都收集起来，通过阅读文献了解学术前沿、学习具体方法。邓铸还养成了随身携带笔记本电脑的习惯，争分夺秒地学习知识和解决研究问题。有一次邓铸和同学相约去主题乐园游玩，由于正值暑期人流高峰，看着前面熙熙攘攘的队伍，他从书包中掏出笔记本电脑，在炎热简陋的环境下继续研究工作。

邓铸与导师刘竹副教授及课题组成员

占领一处高地

经过一年多基础知识的学习和储备，邓铸决心向更具挑战性的碳排放近实时核算的科研高地发起冲击。如果仅依靠传统的碳核算方法，碳排放数据更新滞后的缺陷无法得到根本解决。因此，导师刘竹副教授建议邓铸创新一条交叉学科的解决路径，即利用此前的专业优势，将互联网数据、卫星数据等实时大数据与传统排放核算模型相结合，构建一套基于多元数据融合的碳排放实时量化评估模型和数据体系。当研究刚有些起色时，一场突如其来的新冠肺炎疫情阻碍了邓铸所在课题组的进展，不能见面沟通交流的工作模式给研究的推进带来了巨大挑战。为了尽快发布成果，课题组开始同时间赛跑。邓铸不仅要做研究，还要担当起中间"联络员"的角色，协调课题组国内外成员的时间。每天早上七点钟准时起床，组织讨论、收集意见、反馈进度……工作至凌晨一两点是"常态"。

功夫不负有心人，这套实时评估模型成功量化了全球及主要国家自2019年每日二氧化碳排放量的变化，覆盖了电力、工业、地面交通、航空、国际航运和居民消费等主要领域。以此为依托建立的全球近实时碳数据库 Carbon Monitor，成为了当前时间分辨率最高、更新速度最快的全球碳排放数据库。该数据库刷新了对人类活动碳排放规律的认识，首次刻画了碳排放的逐日动态变化，有效填补了同类产品的空白。邓铸以共同第一作者身份将相关研究成果发表在了《自然》系列刊物 *Nature Communications* 和 *Scientific Data* 上，成果两次被 *Nature* 正刊报道（第 582 期、第 589 期），并入选 ESI 热点论文和高被引论文。作为全球唯一能展现碳排放动态变化的数据库，Carbon Monitor 目前已被联合国环境署（UNEP）、世界气象组织（WMO）、全球碳组织（GCP）等国际研究机构作为基础数据应用。在第 26 届联合国气候大会召开前夕，世界气象组织援引 Carbon Monitor 数据并发出呼吁，"尽管新冠肺炎疫情引发的全球公共卫生事件降低了全球的二氧化碳排放量，但是该减排幅度仍远远落后于《巴黎协定》的减排目标，各国应采取并落实更多的减排行动。"

这一工作还得到了更广泛的认可。邓铸带领的"碳测器"项目团队在清华大学第十届创意大赛暨 2021 清华学生大创意挑战赛上获得总冠军；邓铸在 2021 年举办的全球零碳未来青年峰会上获得最佳论文奖并作为代表在颁奖典礼上汇报工作……

邓铸作为最佳论文获奖代表在全球零碳未来青年峰会颁奖典礼上演讲

保持一颗初心

作为一名党龄近十年的中共党员，邓铸时刻保持着一颗"全心全意为人民服务"的初心。他曾担任研工部思教办德育工作助理、地学系德育工作助理（新生带班助理与学术助理）、地学系研会主席、地研 16 班班长等职，在不同的岗位上为同学们做好服务工作。

担任地研 18 班新生带班助理时，邓铸在新生入学前就主动要来所有地学系新生的联系方式，通过短信和电话的形式与新生开展第一次交流，并添加了每一位新生的微信给他们提供帮助，解决入学时遇到的各种困难。新生入学后，邓铸把之前积累的集体建设经验也结合到带班工作中，协助党团班委打造了一个具有凝聚力的班集体。除此之外，邓铸还用心帮助每一位新生解决实际问题。地研 18 班的任浙豪同学还记得，在他刚入学时曾遭遇了科研和社会工作上的双挫折，时任带班助理的邓铸及时给予了帮助。"师兄一直陪我谈心谈话，站在我的角度开导我。记得那天晚上我没吃晚饭，师兄做好一碗热腾腾的海鲜面送到我的楼下，我永远忘不了。"

邓铸在组织地研 18 党支部赴雄安新区开展主题实践

践行一份使命

作为一名地球系统科学领域的研究生，在清华园学习的五年中，邓铸踏足了四大洲的十二个国家和地区，力求在实践中拓宽全球视野、感受全球变化。

2019 年，邓铸参加了在印度尼西亚举办的青年学者课程，旨在调研印度尼西亚首都雅加达的城市内涝气候适应性行动状况。全球变暖导致全球海平面上升，极端天气事件发生的频率增加。雅加达是滨海城市，遭受着频次高、威力强的洪水威胁，成为了一座"正在沉没的城市"。在调研过程中，邓铸看到了许多民众因洪水灾害而流离失所甚至痛失至亲的场面。政府清淤不力，生活垃圾阻塞了河道，进一步加剧了内涝灾害的风险。面对上升的海平面一步步吞噬陆地边界的威胁，政府只能无奈选择迁都。调研的经历让邓铸深刻体会到了人类命运共同体的重要性，也坚定了他开展全球气候变化研究工作的决心。

邓铸在印度尼西亚开展调研

面向全球气候变化的重大议题，邓铸希望继续朝着这一方向深耕，以实际行动助力"双碳"目标的实现。未来，可期。

**臧伟呈：
探寻流浪地球，我们的征
途是星辰大海**

臧伟呈，天文系 2017 级直博生，师从毛淑德教授，研究方向为微引力透镜和系外行星，在天文领域的重要国际期刊 *Astrophysical Journal* 等发表多篇高质量学术论文，在利用微引力透镜方法寻找低质量行星方面做出了突出的贡献，发现了最小的冷行星，提出并开展地球 2.0 卫星微引力透镜项目。曾获得国家奖学金、清华大学天文系 AMD 奖学金等荣誉。

因为擅长，所以喜欢

"我从小对浩瀚星空没有太大兴趣，反而对黑洞非常感兴趣，害怕自己某一天突然被它吸进去"，与众多从小爱好星空的研究者相比，臧伟呈在大学期间选择天文研究的理由出人意料的简单。本科就读于浙江大学物理系的他，在大三对于未来方向选择迷茫时，无意间打开了清华大学物理系的主页，当时清华大学天文系还没有建系，天体物理中心隶属于物理系。他翻到了如今的导师毛淑德教授的信息，被毛教授的研究所吸引，进而主动联系了他，希望能够在毛教授的指导下继续开展科研工作。

经过进一步的交流，毛淑德教授也非常欣赏他的能力和热情，给了臧伟呈一份观测申请与一大堆天书般的代码。这对于当时还没有任何天文基础的臧伟呈而言，这些代码让他无从下手，非常苦恼。但他咬咬牙，经过半年的刻苦钻研，他终于厘清了这些代码，也得到了一些成果，他逐渐开始享受科研的过程，喜欢上这个之前从未踏足的领域。"我开始喜欢我现在的研究领域。我觉得喜欢和擅长的关系大致分为两种，一种是先喜欢，然后主动去学习，最后变得擅长；另外一种是先擅长了，然后喜欢。我是后者。"这种科研的正向反馈与收获，进一步促使臧伟呈在微引力透镜与系外行星方向展开学习和研究。

臧伟呈（左一）跟同组师弟讨论后的合影

一个承诺，一份坚持

冷行星对行星系统的形成和演化发挥着至关重要的作用，在所有搜索系外行星的方法中，微引力透镜法是目前唯一能找到低质量冷行星的方法；该方法是由毛淑德教授和他的博士生导师 Bohdan Paczynski 共同提出的。但在 2019 年以前，25 年间的观测结果中从未发现过冷行星，一些天文学家因此得出的"宇宙中冷行星并不常见"的结论，这却与主流的行星形成理论不相符。在毛淑德教授的指导下，臧伟呈开始主导两个项目的研究，通过一个全球望远镜网络系统搜寻冷行星，成功开发了 KMTNet 的行星信号搜寻系统。

从 2019 年开始，臧伟呈和来自哈佛大学的合作者领导了一个由全球二十几台望远镜组成的观测网络，该系统主要是由业余爱好者的小望远镜组成的，跟踪和观测微引力透镜的信号。2019 年 7 月，臧伟呈以及合作者探测到了当时世界上最小的冷行星，他跟踪了这个信号很长时间，却因为接连几天的熬夜观测，精疲力竭，在凌晨 1 点多睡着了。结果行星信号在当天晚上出现，他很遗憾错过了行星信号的捕捉，最终是由哈佛大学的合作者率先在一个新西兰天文爱好者的数据中发现了这个信号。毛淑德教授觉得非常遗憾与惋惜，但是臧伟呈却反而安慰导师说："我们的搜寻方法是正确的，未来一定能发现更小的冷行星。"毛教授也被他的乐观和热情所打动。他这种不计较结果的科研精神，也让他在未来科研探究中有了更进一步的推进和发现。

2020 年起，因为新冠肺炎疫情，全球大部分的望远镜都关闭了，整个天文领域损失了大半的观测途径，但臧伟呈依然领导着这个网络开展观测，业余爱好者们纷纷克服各种困难帮助臧伟呈进行观测。最终，功夫不负有心人，在 2020 年 7 月的一个晚上，臧伟呈在睡前查看更新的数据时，发现其中有个信号比较特殊，可能会出现行星信号，他立刻启动全球的观测，非常幸运地捕捉到了历史上质量最小的冷行星。

臧伟呈跟导师毛淑德教授在兴隆天文台的合影，身后是清华的 80 厘米望远镜

"赌气"诞生的重要工作

臧伟呈将每年 1/3 的时间都花在全球望远镜网络的相关观测中，这不仅给他带来了很多有趣的发现，还训练了他对地面数据的高度敏感。凭借着他对地面数据丰富的储备与强大的认知能力，他独自完成了 KMTNet 巡天行星搜寻系统的建立。

这个行星搜寻系统的诞生在意料之外，这本不是臧伟呈研究计划之内的课题。在 2021 年 1 月 11 日，臧伟呈当时正忙于撰写关于历史上质量最小的冷行星的论文，以及开展地球 2.0 的相关研究工作。他所在的国际望远镜观测组织 KMTNet 传阅了组织最新的文章（Jung et al. 2021, AJ, 161, 293）。其中有张图展示了目前所有微引力透镜行星的参数分布图，他很敏锐地发现其中有一类行星数量远少于研究者预期，应该是通过人眼搜寻的原因造成的。臧伟呈立即联系了这篇文章的第一作者与 KMTNet 的两个科学主席，提出了自己的认识，但是却没有引起重视。

"当时学校在放寒假，我因为疫情留校过年，这段时间没有人打扰我，为了证明我的观点，我把自己关在寝室一周系统研究这个行星搜寻系统。"在臧伟呈看来，虽然只用了七天时间就完成了搜寻系统，没有遇到太多困难，但是这个工作却是极为重要的。基于他对地面数据的了解，他最终突破了前人对人眼认识的局限性，正如他所说，"工作的重要性是不能用所花费的时间来衡量的"。

2021 年 1 月 28 号时，臧伟呈就找到了 KMTNet，是目前发现最小的冷行星，也是他所说的那一类缺失的冷行星，之后几天他又找到了一系列的被人眼所遗漏的行星。该系统成功地将 KMTNet 搜寻的行星数目翻倍。目前，KMTNet 主要以该系统为基础，进行行星信号的系统搜寻和分析。

目前通过臧伟呈领导的全球观测网络和 KMTNet 巡天行星信号搜寻系统发现的 7 个较小的冷行星中，有 6 个是由臧伟呈发现的。当然，他并不满足于现在的发现，他还继续参与到地球 2.0 卫星项目中，希望搜寻到流浪地球的足迹。

臧伟呈 2021 年留校过年跟导师的合影

流浪行星，孤独漂泊却暗含希望

顾名思义，流浪行星不像我们的地球一样，时刻绕着自己的"中心"太阳运行，而是如同流浪汉一样，在宇宙中孤独地漂泊。它们独自在冰冷黑暗的宇宙空间中穿梭流浪，而且也不能像恒星一样闪闪发光，它的周围也没有母星可以为它照亮前路，只能与黑暗为伍，孤独前行。如果以地球为标准，没有恒星源源不断地为它提供能量，流浪行星是无法孕育生命的。科学家为此提出多种可能的情形。比如，热量可能来自于行星自身的地热，或来源于放射性元素的分解，甚至被"逐出"的流浪行星行列的卫星，也可以通过潮汐力给予流浪行星热量。但如果流浪行星有非常厚的大气层，大气层富含氢气，或者表面有一层 10 千米左右的冰层，那么流浪行星就有可能存在液态水，从而为孕育生命提供可能。

也许有人要问，为什么要花费这么大的精力去搜寻这些母星都不眷顾的流浪行星？也许 David Bennett 教授的回答能帮我们窥得一二，"如果你想要了解地外生命的可能性，那么不应仅仅搜寻那些和地球大小、轨道相近的行星。一个行星是否可居与很多因素相关：它的大气、历史、含水量等，而所有这些因素追溯回去，将与行星形成的细节息息相关。所以，如果我们真的要去寻找地外生命，首先需要去了解行星形成的过程，而一些行星会在这一过程中被'扔出'，然后成为流浪行星。"

地球 2.0 空间卫星是我的中国梦

2018 年 12 月 31 日前，地球 2.0 团队（项目负责人：上海天文台葛健研究员）将会提交地球 2.0 空间卫星项目的立项建议书。作为中国科学院空间科学战略性先导科技专项，如果立项成功，地球 2.0 卫星将在 2026 年前后发射升空。该项目原计划是搭载 7 个望远镜，利用凌星法搜寻其他恒星附近周期一年的地球半径行星，这就是所谓的地球 2.0 项目。

地球 2.0 空间卫星项目与最初设计有所不同，臧伟呈、毛淑德教授与德国马普天文所的 Andrew Gould 教授提出将其中一个望远镜用于微引力透镜观测之后，臧伟呈对该项目详细且科学的论证成功说服了地球 2.0 卫星团队，争取到一台望远镜用作微引力透镜的观测。他说地球 2.0 微引力透镜项目将首次提供大样本的冷行星、找到流浪地球并首次精确测量其质量，通过与凌星法的结合，将对研究整个行星系统的形成和演化做出重要的贡献。同一时期，美国 NASA 也计划于 2027 年以后发射 Roman 太空望远镜，微引力透镜法搜寻系外行星也是其主要科学手段之一。地球 2.0 卫星微引力透镜项目与 Roman 相比，预计发现冷行星和流浪行星的数目相当，测到的流浪行星质量的数目预计比 Roman 高一个数量级，但是费用成本却约是 Roman 的 1/25。

臧伟呈在中国行星科学大会上做报告

浩瀚星空，薪火相传

出色的科研成果，离不开导师的指导与支持，臧伟呈在谈及自己的研究发现时，总会提到自己的导师毛淑德教授。"我的导师毛淑德教授对我的支持是全方面的，而最大的帮助是在为人处世方面。他虽然很忙，但当我科研、生活有困难的时候，他都能及时给予我支持。"

地球 2.0 微引力透镜项目的成立受到毛淑德教授的极大支持与鼓励。微引力透镜项目的最初想法，来自于天文系冯骅教授《高能天体物理》课程的期末大作业：设计空间小卫星项目。臧伟呈将自己的想法与毛老师充分沟通讨论后，毛老师亲自帮臧伟呈将理想变成现实，他一有机会便帮臧伟呈寻找合适的卫星平台，最终在半年后成功找到了地球 2.0 空间卫星，也让臧伟呈有机会去实现自己的梦想。

与大多数导师与学生相处的方式不同，臧伟呈和毛淑德教授彼此经常有不同的看法，关于科研的交流与讨论都会有所争论，每次争论都会碰撞出思想的火花，不但没有影响师生情谊，反而对研究有极大的助益。他们亦师亦友，经常在微信上互斗表情包，为科研生活增添了一份乐趣与生活气息。

博士毕业后，臧伟呈继续攻读博士后，他的研究并不局限在微引力透镜这个领域，他更希望自己能成为像毛淑德教授那样涉及多个领域、广泛开展研究的天文学家。如果地球 2.0 项目能顺利立项，他将会把未来 10 年的精力都投入其中，发现并刻画流浪地球。

汪鸿章：
将液态金属机器人从科幻
带进现实

汪鸿章，医学院生物医学工程系 2015 级直博生，师从刘静教授，研究方向为液态金属软体机器人。曾获得国家奖学金、清华大学优秀毕业生、清华大学优秀博士论文、北京市优秀毕业生、中国材料大会优秀青年学术报告等荣誉。

导师刘静教授指导做实验

汪鸿章同学首次研制出了类似人体肺泡结构的多孔液态金属材料以及可实现导电绝缘转变的液态金属基复合材料。既是液体，又是多孔，该材料的密度和孔径可以灵活调节。在一定条件下，该材料甚至可携带超过自身 8 倍的重物漂浮于水面，该项研究为制造肿瘤栓塞剂、外骨骼以及发展新型水下可变形柔性智能机器提供了崭新的视野和思路。此外，汪鸿章同学发现并研制了从导体到绝缘体可逆转变的液态金属复合材料。该材料具有优异的电学和机械特性，可以拉伸至原长度的 780% 而不影响其性能。并且，该材料的导体绝缘体转变温度可以大范围调节，这十分有利于其在柔性温度传感、液态逻辑电路、柔性机器人智能感知皮肤等领域中的应用。

这一系列研究得到了同行的高度评价："这是里程碑式的工作，必将产生重要的学术和工业价值。"相关研究工作被中央电视台、国家外文局、经济日报，凤凰网等媒体广泛报道，并在中央一套、中央十套、国家外文局、东方卫视介绍。

Materials Horizons

封面论文（可漂浮多孔液态金属）

另外汪鸿章作为三位负责人之一设计了液态金属在外太空中的微重力实验，用来观察液态金属在太空失重环境下的变形和运动现象。该实验装置将搭乘火箭进入外太空以进行系列探索，据悉这个实验尚属世界首次，预期结果将产生非常重要的影响。

汪鸿章在中央一套介绍外太空实验

与汪鸿章相处多年的同学认为汪鸿章性格开朗、积极乐观，具有百折不挠的性格和勇于探索的精神。汪鸿章认为这些不能将他彻底打倒的挫折都会让他成长，年轻的时候多经历些挫折是一件好事，未来遇到相似的困难就会游刃有余，就像古语所说"所以动心忍性，曾益其所不能"。所以当他面对科研或者生活上的困难时，他都始终保持着乐观积极的态度。

汪鸿章（右二）在央视《走近科学》介绍研究成果

汪鸿章获得国际会议最佳展报奖

生物医学工程专业也是高度交叉的学科，用工学的技术手段去解决生物医学的问题。院系和导师也为跨院系、跨专业的资源交流与人才互动提供了良好的平台。他认为不同学科的学者合作非常重要，不仅可以打破学科间的壁垒，而且可以用不同领域的思维方式去解决问题，易于产生原创性的成果。

汪鸿章非常感谢自己的导师和团队，正是实验室在液态金属领域近 20 年的不断探索，他才能幸运地做出一些成绩。导师总是鼓励他们做出原创的研究，同时导师勤奋的工作态度、渊博的学识和翩翩君子之风也深刻地影响着他。

汪鸿章希望以学术研究为职业，努力做出更多的重要成果，早日将液态金属智能机器人真正地带进现实！

邹奕权：
发表第一篇论文花了五年
时间，他为什么能拿清华
特奖

邹奕权，物理系 2013 级直博生，师从尤力教授，研究方向为基于精密测量的量子纠缠态的制备与研究。从大四进入实验室到第一次观测到玻色爱因斯坦凝聚体，他花了将近两年时间；从搭建完装置到完成第一个实验，他又花了两年时间。第五年，他观测到了 910 个原子的纠缠，创造了当时超冷原子系统中纠缠原子数的纪录，而这项利用量子相变确定性制备出多粒子纠缠态的工作也入选为科技部 2017 年十大科学进展。

从无到有搭建实验平台："曾弄坏过一个 2 万元的仪器"

2012 年，大四的邹奕权加入尤力教授的实验小组，研究基于精密测量的量子纠缠态的制备。这种与精密测量相关的实验要求非常高，需要设计和搭建一套几乎"量身定做"的超冷原子装置。邹奕权刚进组的时候，实验室可以说只是一间"空房子"，所以他们从零开始搭建了超高真空系统、快速而精密的电路系统、复杂的光路系统等。

搭建实验平台的工作量很大，邹奕权每天除了七八个小时的睡觉时间外，基本都在实验室。这样的生活持续了大概两年。这两年里，每天的实验大多是单调枯燥的，但是他在单调枯燥中挖掘出了"科研的乐趣"：学会一个新的电路、一个小的实验技巧和一个新的物理知识，都会让他感觉到进步的喜悦。

他刚进入实验室的时候，因为粗心弄坏了一个 2 万元的激光功率计。当时他很紧张，因为刚来实验室就弄坏这么"贵"的东西，并且这个东西大家都要用，这让他很沮丧。虽然基本什么都不懂，但是凭着"死马当活马医"的精神，试着换了其中的几个芯片后，他竟然把仪器给修好了。这给了他很多的信心，"弄坏仪器的沮丧也变成了修好仪器的成就感"。当实验遇到挑战时，他都怀着热情去想办法解决它，正是这一个个解决问题的过程让他不断积累科研的信心和乐趣。

2014 年 7 月 29 日晚上 11 点左右，又一单调枯燥的日子快过去时，实验组成员终于从装置中第一次观测到了玻色爱因斯坦凝聚体。这标志着，实验平台终于搭建成功。实验装置的完成只是真正开始实验的起点，但所有人都很兴奋，因为为了搭建这一平台他们付出了太多心血。邹奕权也很兴奋，为了纪念这一时刻，他掏出手机，发了一条简短的朋友圈"BEC!"（Bose-Einstein condensate，玻色爱因斯坦凝聚现象的英文缩写）。但因为"高端得让人看不懂"，大家都以为他说的是商务英语考试。

邹奕权所在团队搭建的实验平台

"这其实就是靠一点一滴的积累而水到渠成的"

搭建好实验平台后，日复一日做实验依然是常态，因为想要观测到突破经典极限的精度，各种技术噪声的出现都是一个很大的挑战。从微弱的气流影响，到市电所引起的磁场噪声，邹奕权都需要一一找到解决方案。有时为了测量重要的数据，他们往往需要凌晨做实验，甚至需要连续采集数据。

实验中有一个过程是捕捉原子，要像射击一样用激光从远处精准地瞄准原子。激光的直径很小，跟比较细的头发丝差不多，而原子团的直径更小。用极细的东西去对准极小的东西，还根本就看不到，这一实验的难度可想而知。加上没有经验，他和团队成员花了一个月时间，才完成了这项后来两天就能完成的工作。

到 2016 年，邹奕权所在团队利用量子相变的方法确定性地制备了高度纠缠的双数态玻色爱因斯坦凝聚体，观测到了 910 个原子的纠缠，创造了当时超冷原子系统中纠缠原子数的纪录。这为未来其他多粒子纠缠态的制备提供了一种思路，还为超越标准量子极限的测量科学与技术的实用化发展，比如实现海森堡极限精度的原子钟和原子干涉仪等，提供了一种可能。2017 年，邹奕权作为共同第一作者，将相关工作发表在了期刊 *Science* 上，而这项利用量子相变确定性制备出多粒子纠缠态的工作也因为其突出的重要性，入选了科技部 2017 年十大科学进展名单。

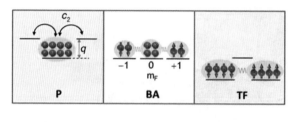

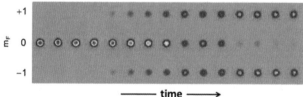

制备纠缠态过程演示图

这次邹奕权没有要去庆祝一番的冲动，因为"这其实就是靠之前一点一滴的积累而水到渠成的"。他又投入到了新的实验中。

有了前面几年的装置搭建和经验积累，不久后，邹奕权和实验小组成员便利用量子相变的方法，首次制备了相比于以往制备的自旋 1/2 的纠缠态能提供更高测量精度的自旋 1 的平衡 Dicke 态，并利用制备的纠缠态演示了超越三模标准量子极限的干涉测量。基于这个成果，邹奕权在 2018 年以共同第一作者身份，在 PNAS 杂志上又发表了一篇论文。

他觉得自己在读博期间短短几年能看到结果是幸运的。"做科研是有风险的，它不能保证一定会出结果。"有人在快成功的时候放弃了，有人坚持着却一直没有结果。五年的积累也让他明白，"做科研要沉下心，不管有没有结果都要认真去做。过程同样有意义，认真做一些事，收获的不只是结果。"

一步一个脚印：不会出现很"拧巴"的情况

邹奕权觉得自己很普通，谈及自己五年里的坚持和毅力，他也觉得再普通不过。"因为大家是一个团队，遇到问题是几个人一起在想办法解决，所以也不会感到很孤独、很难"。

实验室成员合影（左三：邹奕权）

不过，熟悉他的同学都知道，他之所以觉得自己很普通，是因为他每一步都脚踏实地，一步一个脚印。在他们看来，他实际上"脑袋很灵活""有想法""能在比较短的时间内把一些比较难的问题解决"。他有深度思考的习惯，不止在实验室，在路上或者在吃饭的时候，他也会时时地去思考问题，实际上许多问题的解决方案并不是他在实验室里面苦思冥想得到的，而是在实验室之外。在实验室，大家把他戏称为"解决问题之人"，意思是大家有什么"疑难杂症"搞不定的话，一般情况下去找他都可以顺利解决。

之前因为实验久久没有成果，邹奕权也曾想过自己是不是不适合做物理基础研究。他在一次饭间对导师尤力教授倾诉自己"可能要去外面实习为毕业后转行做准备"，导师鼓励他"再坚持一下，至少把现在的事做完"。这位对科研充满热情的师辈给了邹奕权很大的鼓舞。后来他便没有再被这种"犹疑"的情绪分散掉做实验的专注力。邹奕权的妻子钱静颖也说过，"他想事情很清楚、透彻，有管理欲望的能力，不会出现很'拧巴'的情况。"

从恋爱到结婚："我花了不到一年时间"

"他们比较随意，婚纱照是在学校拍的，婚礼没有请同学参加，也没有请大家吃饭，喜糖也没发。"同实验室的师弟悄悄"吐槽"说。

邹奕权和钱静颖登记结婚的时间距离他们确认恋爱关系只有不到一年的时间。不过在相恋以前，邹奕权已经和钱静颖相识多年。他们初中同校，高中同班。大学时两人虽然一个在武大，一个在清华，但一直保持着好朋友的关系。邹奕权自己也说不出是何时、怎么喜欢上她的。"可能是因为她漂亮，也可能是因为就是喜欢她了，她长什么样也觉得漂亮。而且她很乐观开朗，跟她一起会很开心"。

在妻子眼里，邹奕权具有很明显的理工科生特质，生活中有时也要"靠数据分析"。有一天两人一起去买菜，出门前他叮嘱妻子多穿点，妻子不听。出门后他询问妻子是否很冷，妻子说是，但他没有把自己的衣服脱下给她披上。"我问你只是为了确定你是否冷，我会记录下今天的温度和你穿的衣服的件数。下次如果遇到同样的温度，我就会提醒你多穿一件。"

"有时候理性得像'机器人'，但我能够感觉到他的真诚与心意。"妻子笑着说。

吴蔚：
从废弃物料到国际大奖，
青年雕塑艺术家的坚守

　　吴蔚，美术学院 2016 级硕士生，师从肾建国副教授，研究方向为雕塑造型中正型与负空间。近一年他的雕塑作品入选重要展览 9 次，以第一作者发表论文 5 篇。创作的《方寸之间》系列作品荣获 2017 年度中国雕塑论坛原创雕塑奖，以及"琵鹭杯"公共艺术精英赛"精英奖"等。

　　同时，他将所学运用于实践，曾受邀独立为阳朔 ALILA 糖舍度假酒店设计主题性雕塑。包括中国杯帆船会所、中国杯超级游艇、深圳皇庭中心和牛实验等公共区域，也都陈列有他个人的雕塑作品，借此方式让更多人了解他的所思、所想。

　　作为一名年轻的艺术工作者，吴蔚非常认同清华老前辈王国维先生的"三境界说"："昨夜西风凋碧树，独上高楼，望尽天涯路"，此第一境也；"衣带渐宽终不悔，为伊消得人憔悴"，此第二境也；"众里寻他千百度，蓦然回首，那人却在，灯火阑珊处"，此第三境也。他说："希望最终我的创作可以来到第三境。"

废弃物料引发的创作灵感

　　清华美院大楼前，有几个大集装箱，经常会引起路人的好奇。其实这并不是什么神秘的现代艺术装置，而是美院雕塑系同学们的物料仓库——一件雕塑作品的诞生常常需要经过平面图、小稿、泥塑、翻模、浇注等多道工序，形成玻璃钢后再根据自身要求送往不同加工厂再次加工。创作者们整日奔波在原材料市场、工作室、工厂之间，消耗、废弃大量物料，最终才形成一件精美的雕塑成品。

多个工序下来，就会产生一些废弃物料。而吴蔚在雕塑界崭露头角的艺术旅程，恰恰开始于他对这些废弃物料的关注。

在大三时的《中国传统雕塑》课堂上，吴蔚和现已成为他导师的胥建国副教授初次结缘。胥老师布置的课程作业是完成一件雕塑作品，而到了学期末，吴蔚提交了三件作品。虽然创作手法尚显稚嫩，但这三件作品是吴蔚努力寻找自己艺术表达合理性与价值的结果。

第一件是飞天雕塑，吴蔚自觉它只是把敦煌壁画稍作变形，创作意义不大。第二件是梵文字形演变山石后做出立体形态，翻制这件作品时翻制师傅觉得小泥稿个头小又费工，费时费力还不好收费，干脆把翻制工序教给吴蔚让他自己"DIY"。第一次尝试翻制就成功的吴蔚，除了看中自己的雕塑成品外，还关注到这道工序产生的废弃物料——翻制后剥离出来的外壳，外壳的形状恰恰是原先雕塑作品空白的部分，虚形转化为实形，竟有一种独特的美感。吴蔚将这一发现与胥老师分享："老师，看！我翻出了这个壳，这个壳子也很漂亮！"在采访胥老师的过程中，胥老师说道："直到今天，我都记得当时吴蔚的雀跃之情。"

胥建国副教授不仅肯定了吴蔚这一艺术发现，并从艺术理论的高度上进一步启发他：这个壳子相对于雕塑（正型）来说是负型，对应中国文化里阴阳的概念，而中国石窟艺术里的一个个龛，恰恰也是负型，如果仿照石窟，在负型里加入一些内容，那这个空间就有了内涵。在这样的启发下，吴蔚完成了第三件作品——《敦煌印象》。

初始模具与《敦煌印象》

如今回忆起这门课，吴蔚说："虽然在课堂上做出三件创作，看似很高产量，但是细节不精致，完成感弱，制作手法都显现稚嫩，但是，这却让我开始意识到什么叫创作，什么叫有意义或者有趣的创作。"

从这一堂课中对负空间的发掘开始，吴蔚找到了自己艺术创作的表达方式，也就有了后来的故事。

从中国传统雕塑与东方美学中汲取养分

吴蔚的多件作品，都以不同方式呈现着东方美学的意韵深远，这得益于导师胥建国副教授的指导以及清华美院传统的熏陶。

胥建国老师曾师从"泥人张"第四代传人张锠教授，而张锠教授的父亲张景祜教授属于"泥人张"第三代传承序列，他曾在中央工艺美术学院（即清华美院的前身）设立泥塑工作室。几代人对中国传统雕塑艺术不断传承，并滋养许多青年艺术工作者。这些青年艺术工作者中，当然就包括吴蔚。汲取不同文化内涵，亲身来到古代雕塑现场感受温度，是导师对吴蔚的要求。

胥建国副教授（右）和吴蔚（左）到南京考察石辟邪

尽管本科时期完成的作品已经获得了国际大奖，但吴蔚没有停止继续探索的脚步。"气韵生动"是胥老师在工作室内指导学生时的高频词汇，也是吴蔚在硕士第二年领悟最深的一点。

刚进入硕士阶段的一天，在为创作新作品画着速写稿时，吴蔚却总觉得自己只是在把本科毕业作品横向拉长了，并没有在创作价值上实现实质性突破。胥老师看到盯着墙上素描稿非常郁闷的吴蔚，安慰他说不是这个草稿不好，而是他没有注意到局部和整体之间的关系："外缘内的形体，正负贯穿，如中国书法，笔画可以停顿但气韵不断。"

老师离开工作室后，吴蔚开始在草稿上勾画局部空间的关系，当若干富有韵律彼此交织的圆圈跃然纸上时，吴蔚忽然有一种"找到了密码"的感觉，立即将这幅密码一样的草图发到朋友圈，配文"一秒画的，终于等到你了"！屏幕另一端，胥老师看到爱徒的朋友圈动态，也不禁会心一笑回复到"期待下一秒。"在师徒不同空间和时间的采访中，他们都不约而同提到了这条朋友圈，吴蔚说，"那时我懂了"，导师说道："他确实懂了。"

艺术创作需要不断积累素材，为此吴蔚在几年间前往各地实地考察了大量中国传统雕塑，而他所收获的却不仅仅是素材，而是更多的创造灵感和对艺术的领悟。

他曾经前往南京考察狮子冲南朝陵墓前的石辟邪雕塑，因为雕塑所在的位置偏僻，向来无人问津，吴蔚一行人曾经一度被他人认为有"盗墓"嫌疑，最终由滴滴司机帮忙才找到带路村民。这些自己亲自前往文物所在地寻觅、现场观摩的独特经历，无疑比直接在博物馆舒适的温度和灯光下观赏玻璃罩内的藏品更令吴蔚记忆深刻。

因为关注了负空间，就更加能注重看不见的"气"，这种以虚喻实，气韵贯通的艺术效果也是负空间的内容，吴蔚笑着说道："似乎负空间是一种语言，而中国的气是负空间的内容。"

淡泊执着　无所畏惧

本科刚入学时，吴蔚曾用名字的谐音作自我介绍："吴蔚，无所畏惧，这样好记。"现在，吴蔚身边的许多朋友都觉得，他经过硕士几年的学习生活后，多了一种安静沉稳的气质。

吴蔚曾由导师胥建国副教授带领参观他的启蒙老师李伯安先生遗作展。当吴蔚看到李伯安先生脑部缺氧倒在画像前的生前绝笔《走出巴颜喀拉》第十部，画面中"天葬"时秃鹫在叼啄尸体的画面，给吴蔚带来了强烈的震撼感。在返回北京的高铁上他写道："或许冥冥之中就已注定，能量提前耗尽，抑或这就是一位伟大艺术家的天命吧。"同时，他脑海当中已经浮现出雕塑新作的面貌——两人相叠平躺，在上者似乎祈祷苍天，在下者拜慰大地。虽然尚未最终成型，这件作品的泥稿已颇令人神往：不仅因其美，更因其中体现出的一位年轻艺术创作者，对将生命献给艺术事业的前辈最深沉的敬意，以及这重敬意所带来的创作冲动。

无论是在导师的工作室工作，还是如今在自己的工作室工作，吴蔚对自己的严格要求始终如———每天创作时间很长，并习惯每天将次日待办事项写在床边的 A4 纸上。胥老师常常在深夜给吴蔚打电话，不是查岗，而是催他快休息。

吴蔚的作品斩获大奖多次，但这位 1994 年出生的年轻人在荣誉面前有着超乎年龄的淡然："不是说你选了我我就这样做，你不选我我就不这样做。我只是觉得我现在想这么做。""虽然有些想法颇显幼稚，但我生于 1994 年，就只会想生于 1994 年的人所想的事，我觉得'无可厚非'。""艺术需要多一点天真，多一点情怀。"

《方寸之间》

在获得"2017 年度原创雕塑奖"后的第二天，吴蔚作为最年轻的演讲者，参加了 2018 第二十届中国雕塑论坛，并被选为获奖代表发表演讲《以方寸之间谈近年来架上雕塑创作经验》。他说，"从这次演讲中不仅收获了年度原创奖和入选演讲的荣誉，更重要的是听到了许多老前辈的建议，如'负空间会不会成为束缚你的一道力''是不是要适可而止''人物系列很耐看''负空间的提议很有意思'等，这让我对自身的创作会有更客观的认知和更宏观的了解，这个过程就是反思，别小看反思，反思是会成就突破的。"

勤劳踏实、不断学习、保持对世界的新鲜感，是这位年轻的艺术工作者自信的来源。他坚守着自己艺术创作的初心："有人会来收藏我的雕塑，有人会告诉我入选了展览，有人会通知我的某某作品已获奖，但是我只把它当成是对我的激励，而不是把它当成是我永恒的资本，因为这是我踏踏实实而换来的，我也会继续踏踏实实。"

从清华园离开后的 3 年里，他成绩斐然，被媒体称为炙手可热的青年艺术家，2020 年代言拍摄丰森老树茶广告、获公共艺术琵鹭杯"评委奖"、雕塑杂志年度雕塑奖、荣获冬奥会和残奥会公共艺术作品入围奖、荣获第八届刘开渠奖国际雕塑奖并将雕塑作品放大落成于芜湖公园，受独邀设计雕塑项目江北嘴国际金融中心展示中心、邓州市邓习路乡村画廊大型雕塑工程、ROYANA 上海旗舰店等。同时，他在 2021 年被提名并入选第 17 届威尼斯建筑双年展。仅有 10 位中国艺术家代表中国参加此展览，与各国艺术家同台竞技，而吴蔚便是其中一位，也是最年轻的一位。入围作品是以他长达七年的创作思考，而逐步形成的系列作品《山长水远》和《之间流水》。这是他继 2015 年凭木雕作品《不知处》获得国际泷富士美术奖后再次登上国际舞台。他试图用时尚的方式讲述着东方意蕴，以"负"的姿态邀请观者进入雕塑的内部空间，诉说着一凹一凸、一阴一阳的辩证关系，以中国传统美学向世界发出独特的声音。

吴蔚的故事还在继续，以他身边人的话说"期待他将来绽放火焰的高度和热度"，以他自己的话说"以静制动，以静生慧，好好努力，再接再厉"。

林培源：
从小镇到世界——青年作家的学术之路

对人文学院中文系博士生林培源来说，2019 年是收获的一年，短篇小说集《神童与录音机》出版，博士论文完成了 18 万字，博士生涯也即将画上句点。

从小镇到世界

2015 级中文系博士生林培源被更多人认识是以"80后"青年作家的身份。

高三时，林培源参加了 2007 年第九届全国"新概念"作文大赛并获得了一等奖。2008 年，他是"THE NEXT·文学之星全国新人选拔赛"的十二强选手，由此成为一名签约作者，长篇小说处女作《薄暮》不久得以出版。

《薄暮》（2009 年出版）以林培源生活的潮汕小镇为背景，讲述了一个家族故事，时间跨度从二十世纪六十年代到八九十年代。2013 年出版的小说集《第三条河岸》成为他写作生涯的分水岭，从这本书起，林培

《神童与录音机》，北京十月文艺出版社，2019 年。

源把写作的触角伸向了更广阔的小镇生活。2014 年，林培源硕士毕业，出版了带有实验色彩的小说集《钻石与灰烬》。在出版的作品中，2016 年的长篇小说《以父之名》和新近的小说集《神童与录音机》（2019 年 8 月出版）对林培源来说意义最大。前者是他乡镇生活经验写作的阶段性总结，后者是小镇经验和城市生活的交汇。

林培源受 20 世纪 80 年代传入中国的拉美文学和同时期中国的"先锋小说"影响很深。"我很喜欢《百年孤独》，读它的时候，就像没见过世面的小孩子第一次观看马戏团那样，整个世界都被打开了。"传统与先锋，现实和虚构，为林培源的小说烙下独特的个人印记，也为读者带来不一样的阅读体验和惊喜。

"学院派作家"的求学之路

在当下的文学圈内，林培源被认为是新一代"学院派作家"的代表。"学院派"意味着写作者依托于大学、研究机构这样的体制。对于"学院派"这一标签，林培源并不抵触，相较职业写作，学院的经验赋予他系统的学术训练和理性的思维，让他的写作走得更踏实而坚定。

从最初的潮汕小镇到深圳、广州等南方一线城市，再到北京，以及大洋彼岸的美国城镇……十几年间，林培源的生活发生了巨大的变化。林培源说，来了北京他才有机会与更宽广的世界接触。一年的留美访学，更让他见识了大洋彼岸不同的世界，让他真切体验到了何为"生活在别处"。

求学深造几乎是所有学院派作家都要走的路，一路从本科念到博士，经历过高考的失利、推免读研和第一次考博的失利，林培源的求学之路显然比其他人更曲折。研二时他读博的想法愈发强烈，随即投入到考博复习的大军中。但这一次，他没有那么幸运，第一次考博没考上，对他造成巨大打击。好在塞翁失马焉知非福，这次受挫反而激发了林培源北上读博的念头。这才有了林培源与清华中文系结缘的故事。

《南方人物周刊》2019 年第 30 期专访，林培源照片，摄于 2018 年美国访学期间

回望求学的经历，高考和第二次考博那一年的迷茫和焦虑，如今在林培源看来都是历练与成长，是生命必经的过程，失败一方面教会他在受挫后屡败屡战，另一方面也让他面对逆境时更从容不迫。现在他走过顺境和逆境交织的时光，面临困难

时他会有清晰的预估和评判，并保持稳定的情绪和良好的心态。不管问题再难，也能积极调整心态去应对。

当偶像变成导师

导师格非教授和林培源的师徒关系是文学圈的一段佳话。虽然林培源很早就将格非老师视为文学偶像，但真正成为格非老师的博士生，却费了很大周折。第一年考博时，林培源把目标圈在了广东；第二次考博，他才决定北上、报考清华。考博前他尝试给格非老师发邮件，收到了"欢迎报考"的回复，不过格非老师也提醒他，清华名额少，考博难度大，要好好准备。"欢迎报考"这四个字给了林培源很大的鼓励。在参加了清华的复试之后，他觉得问题不太大，甚至没有再参加另一所学校的复试。

那时他并不知道，格非老师对他早已有了不错的印象。2019 年的 8 月 18 日，林培源与格非老师一同受邀参加一场名为"文学的新黄金时代"的对谈活动，对谈时，他才知晓那封邮件背后的故事。"是因为之前的一次电邮采访，我提的问题给他留下了很深的印象。"

2019 年 8 月 18 日，格非老师和林培源一起参加上海书展"文学的新黄金时代"对谈活动

电邮采访的故事发生在 2014 年，译林出版社出版了格非老师的两部文集，深圳《晶报》委托林培源对格非老师做访谈。正是这个访谈，拉开了这段师生关系的序幕。

"我写了采访提纲，把问题通过邮件发过去，格非老师回了邮件，做了很细致的回答。"

不过在林培源心中，也藏着一个久未吐露的故事：2008年，林培源第二次参加新概念作文大赛，正逢"新概念"十周年庆典。庆典上受邀的格非老师和其他老一辈作家在前排就座，彼时名不见经传的林培源拿着未出版的长篇小说打印稿，猫着腰走到前排递给格非老师，请他指点。这样"莽撞"的举动当然遭到了"拒绝"。直到2019年，师生之间才终于互诉对彼此的最初印象。林培源回忆起这件往事时，格非老师哈哈大笑，幽默地打趣道："听你这么一说我好像变得面目很可憎。"

从11年前递交打印稿、到电邮采访、再到"欢迎报考"的鼓励，直至进入师门，林培源和格非老师的这段师徒缘分，充满了戏剧性。

师生与师生之外

进入师门以后，在人文学院的师生见面会上，格非老师嘱托林培源好好做研究。在接下来的几年里，林培源遇到问题会请教格非老师，不管是学术上还是生活上的困难，格非老师总是会留出时间专门解答。格非老师尊重林培源的学术选择，赴美进行博士联合培养前，林培源开过一次题。那时他打算做晚清到民国的"教育小说"。后来在美国期间，他觉得自己不擅长"上穷碧落下黄泉，动手动脚找东西"，无法胜任那个需要大量搜罗史料文献的题目，因此决定换题。下定决心后，他花了大半年时间，将写成的论文章节发给格非老师看，得到了老师的鼓励。这篇论文后来也被"人大复印报刊资料"《中国现代、当代文学研究》（2019年第7期）全文转载。

撰写博士论文期间，每次师生见面，林培源都会报告论文进展。学术之外，两人还有文学上的交流。格非老师这样评价林培源的小说集《神童与录音机》："这些充满想象力的作品，有两个显著的特点，其一是传奇性，其二是寓言色彩。林培源所擅长的叙事手法，是从纷乱而琐碎的日常生活中，萃取出某种别致的观念和意识场景，然后在经验层面再将它具体化。"林培源也给格非老师的新作《月落荒寺》撰写评论文章。师徒二人因小说产生了更紧密的联系。

在林培源眼中，格非老师"像精神上的父辈""除了是导师，他在文学创作和为人处世上都给我带来很深的影响。"在他看来，格非老师是一个特别周正的人，充满智慧。

2019 年上海大学"比较·互坚·转换"全国研究生创新论坛，林培源作为参会代表在开幕式发言；参会论文在这次论坛中获得一等奖

在成为格非老师的学生后，林培源对导师的认识也从纸面来到了现实。从读他的作品，了解他的人生故事、怎样引导学生做学问，到了解他在生活中的待人接物，他对古典音乐的兴趣，"他喜欢和学生交流，听他说话是一种巨大的享受。"

采访的最后，林培源卖了个关子，"我新书中有一篇是以清华为背景的，写到了荷塘、朱自清像，有很多学校的影子在里面。"

2019 年 10 月，《南方人物周刊》为林培源做了一期长篇专访，在公众号的推送底下，有条留言是这样写的："一路看着培源南方读研，北上读博，杜克留学；恋爱、结婚、摆酒。上次的新书分享会有幸见面，是从未相见的老朋友的会面，觉得愉悦。拿到新书，文字是熟识的媒介，那么，书里见。"

——那么，书里见。

杨伽伦：
你能做的比你设想的更多

杨伽伦，经管学院2016级博士研究生。研究方向为制度经济学、公司金融、创新，其研究探讨高级人力资本的溢出效应对创新的影响及人力资本缺失的长期经济效果。多篇研究成果在《美国国家经济研究局文摘》（NBER the Digest），*Journal of Applied Finance & Banking* 等期刊发表。曾获综合一等奖学金等荣誉。

"博资考通过之后，我就没有再把自己的状态当作'在读书'"，杨伽伦幽默地说，"事实上，我认为读博的过程更多是创造的过程，不管从读博的知识性上，还是从读博的创业'风险'上。"

"先设一个小目标"

"进入博士项目前，我其实并不确定自己是不是真的适合做学术。但进来后，我发现做科研真的非常幸福。读博是我做出的人生决策里最适合我的决策之一。"在杨伽伦看来，做科研和艺术创作、创业都有异曲同工之处——不确定性。一个足够美妙的科研思路（idea），可能就在下一秒喝咖啡时蹦到脑海中，但也可能是在几年后的某个午夜里突然闪现。做出吸引自己的作品是一回事，做出被人们广泛认可、对社会有实际贡献影响的成果又是另一回事。对于勇攀科研高峰的人们来说，在发现一个令人兴奋的研究点之前，可能经历过无数次的"跑龙套"，也可能写过许许多多的"打油诗"。灵感，持之以恒的努力和坚持，平稳的心态以及对机会的把握都很重要。

在以金融系第一的成绩结束了博士一年级的课程并通过博资考之后，杨伽伦进入博士二年级。当时她手上没有任何研究项目，脑中也没有成熟的研究想法。仰望星空之前首先要脚踏实地，这是杨伽伦的很多位在科研上有所成的学长学姐给她的忠告。于是，她只是给自己先设了一个小目标：写一篇英文论文。

事实证明，我们能做到的比我们原先设想的，要多很多。历经 2 年的升级"打怪"，2020 年，杨伽伦的英文论文被美国国家经济研究局收录，同年 8 月，*NBER the Digest* 选中了这篇论文，该文摘同期收录的论文均是来自哈佛大学等名校教授的工作成果。她的外国合作教授闻讯后欣然表示："Actually this is the first time that one of my papers has been featured in NBER the Digest."

当然，在学术成果初显眉目之前，她也经历过一些迷茫的时刻。但这恰恰激发了她的学术热情。"现在的我很喜欢那些不是很容易搞明白的东西，烧脑的感觉棒极了。每次有所突破，也会感到满满的幸福感。大概是长期不断攻克难题的过程里形成了一种正反馈，现在每次遇到科研难题时，我都会无意识地集中起 200% 的注意力，变得非常专注。"

"If it's not alright, it's not the end."

杨伽伦 2018—2020 年 2 度赴美访学

2018 年年初，杨伽伦的研究还是一个雏形。当年 1 月，一个非常偶然的机会，她与美国老师在 Skype 上聊天。谈话中，她提到研究的初步设计。令她意外的是，美国老师表达了对项目的极大兴趣。第二天，他便邀请杨伽伦去美国做访问学者并合作论文。就这样，她第一次赴美访学。

美国东北部的冬天从 10 月中旬开始漫天大雪。安静的环境非常适合潜心学术。前两个月里，杨伽伦和美国老师用了 3 周的时间去磨合科研交流的语言习惯。在合作论文的过程中，他教会她大量洋溢着精妙和犀利见识的思考办法以及科研范式，让她经常有豁然开朗的奇妙体验。她在白天和美国老师切磋交流，晚上通过微信语音和导师黄张凯副教授讨论。"那年 12 月的时候，我以为我的进展条拉到 50% 了"，杨伽伦回忆说，"但有一天我们突然发现还有一个重要的漏洞没有补，而且补起来难度很大，不一定能补上。如果补不上，前面几个月的工作就白做了。那天我完全不记得自己是怎么冒着大雪从办公室走回家的，心里想着这件事，半小时的路似乎几分钟就走完了。那天远在中国的沈涛老师听闻我的项目情况，他只说了一句话，可我现在也记得非常清楚。"杨伽伦认真说："他对我说，Everything will be all right in the end. If it's not all right, it's not the end."（最后一切能会好起来的。如果没有，就没到最后。）可能很多科研人都曾用这句话和这份念想支持自己走下去，这句话也让杨伽伦打定主意要继续做下去并开始着手处理技术问题。在这个过程中，导师朱玉杰教授和黄张凯老师给了她很多鼓励和技术指导，虽然隔着太平洋，但导师的支持对她来说是巨大的力量。一个月后，她攻克了难题，顺利推进了研究。有了第一次赴美科研的基础后，2019 年秋，她再次赴美做科研。这一次，美国校方的官网主页上大篇幅报道了她的新研究成果。

立足经管，走向世界

得益于经管学院的全力支持，杨伽伦在过去几年中在各种国际会议宣讲过论文。在这个过程中，她体会到高质量论文的创作是一个美妙的过程，是不断突破思维局限和能力局限的过程。

2019 年 5 月在波兰华沙大学，杨伽伦和美国威斯康星大学的女博士生 Kate 做室友。在作为评论人点评华沙大学经济系博士 Trzemk（波兰名简写）论文的前一晚，她和 Trzemk 在人声嘈杂的酒店大堂讨论论文到深夜。他给杨伽伦讲了他在研究背景中没有写的重要部分——波兰的宗教信仰。"谢谢你提这个问题，我没有意识到我需要让全世界不同文化背景的人都能看懂我的论文，我应该把有关宗教背景的介绍加进去。"这次交流也让杨伽伦颇受启发，她意识到想要世界理解并接受中国故事，论文撰写表达能力的本身和研究结果同等重要。午夜 1 点，她回屋休息，却听到室友 Kate 正在屋子里练习展示论文。她意识到学术不分国界，努力去拼更不分国界，哪个国家的博士的状态都差不多。

杨伽伦在意大利米兰获最佳论文奖

2019 年 6 月，杨伽伦在意大利米兰汇报论文，并获得最佳论文奖。之后，她的论文又被世界计量经济学年会亚洲会议（Asian Meeting of the Econometric Society）、中国金融学术年会（China Financial Research Conference）、美国金融学协会年会会议（AFA Annual Meeting）、新西兰金融会议、澳大利亚金融和银行会议、复旦大学和香港浸会大学联合主办的中国研究网络会议、中国金融五星论坛等顶级会议和高质量国际会议接受，在美国伊利诺伊大学、佛罗里达大学、达特茅斯学院等高校举办的高质量研讨会上被宣讲，论文得到了同行专家的高度好评。

"我的想法很简单，清华经管给了我这么好的平台，我想走向世界，让世界听到更多来自中国青年科研工作者的学术声音。"杨伽伦如是说。

杨伽伦在美国金融学年会汇报论文后参加年会活动

学术之外，我还能做什么？

导师对杨伽伦的影响是全方位的。朱玉杰教授循循善诱的耐心指导、全方位的支持和他以最大善意和热忱去教学和处世的态度，都对杨伽伦取得每一次进步、获得每一次新的领悟有非常大的帮助。从学习科研、职业规划，到人生抉择，生活态度，朱老师给了她很多支持。黄张凯老师以科研为祖国改革之路献策的信念，对杨伽伦也产生了巨大的影响。

2020年年初，新冠肺炎疫情在武汉暴发。杨伽伦彼时正在美国访学，美国当地尚无人感染，美国同事们对新冠病毒和武汉情况的了解还非常不全面。在和同事交流的过程中，她发现他们有很多误解。比如，他们认为新冠病毒只通过皮肤接触而非飞沫传播；部分人误以为新冠病毒来自武汉等。他们的一些做法和反应更多来自于对未知疫情的恐慌。和美国朋友交流后，杨伽伦试图去缓解这种误解。她在当地组织的疫情讨论会上，积极宣传了新冠肺炎疫情期间中国所作出的积极有力的应对举措，同时也向当地美国朋友积极阐述戴口罩的作用。

胡尊严：
星辰夙驾，追赶朝阳

胡尊严，汽车系 2014 级直博生，师从李建秋教授，研究方向为燃料电池耐久性建模与优化控制。以第一、第二作者身份（导师第一作者）发表 SCI 论文 7 篇，ISTP 论文 1 篇，曾获全国"创青春"创业计划赛金奖。

"做中国的燃料电池之王"

过去几年，新能源汽车越来越真实地走进了大家的生活，氢燃料电池作为新能源汽车中十分重要的一条技术路线，也受到了越来越多的关注。2018 年，李克强总理在访问日本期间，丰田公司负责人就向总理重点介绍了燃料电池汽车技术，引发国内很大的危机感。

燃料电池发动机是燃料电池汽车中最关键的部件，与国际相比，国内燃料电池发动机在性能和寿命上存在较大的差距。六年前，为了加速关键技术突破，胡尊严所在课题组新建了燃料电池发动机方向，短短 3 年时间里，该方向前后吸引了 7 位博士加入其中。

当时的新能源汽车行业还在启蒙之中，纯电动汽车的市场尚未铺开，氢燃料电池更是被认为距离实用还有很大的距离。由于研究方向冷门，很多同行高校也大幅减少了在燃料电池方向的投入。研究伊始，胡尊严等人经常会有一种学术上的孤独感，在国内燃料电池发动机这条学术路上，只有他们所在的课题组。

为了给大家打气，导师李建秋教授当时给胡尊严和师兄弟们喊了两个口号，一个是"清华人只做别人做不到的事情"，另一个是"没有行业那我们就引领行业"。除此以外，他们还给自己喊了第三个口号，叫作"KFC"，寓意是"做中国的燃料电池之王"。

"那时候觉得，读博还真是挺难的"

在新能源汽车领域，纯电动汽车面临的主要问题是续航里程和充电便利，一般称为里程焦虑。但对于氢燃料电池汽车，目前制约产业化和量产的主要问题还是燃料电池发动机的使用寿命，因此可以称为寿命焦虑。胡尊严的课题就聚焦在行业最关心的寿命问题上，进行燃料电池耐久性建模与优化控制研究。

在他满怀激动心情和导师定下博士课题之后，几位师兄却开始找他谈心，让他慎重考虑研究方向，因为对于高水平的燃料电池耐久性实验，每一轮的论证周期都超过了 1 年。甚至可以简单地说，选择了耐久性，就等于选择了延期毕业。

毕业焦虑很快变成了事实。直到博士开题时，胡尊严在学校里面总共进行了 3 次预研实验，也耗尽了所有假期和课题组资源，但是最终全部都失败了。而课题的第一次正式耐久性实验，燃料电池电堆也只坚持了不到 1000 小时，距离所期望的性能还十分遥远。不顺利的不仅仅只有实验，还有胡尊严的论文。一篇修改了 12 版的小论文，也在审稿一年之后被无情拒绝。"那时候觉得，读博还真是挺难的。"

在那段日子里，胡尊严面临了进入清华以来最大的挑战，挫败感、孤独、压抑，这也是很多博士都会经历的一段无处倾诉的岁月。"为了走出困境，大家想了很多办法，有的人是勤奋，有的人是求生欲，但是对于我来说，我觉得是'让我的工作有意义'。只有让我自己真正的接受，我正在进行的工作很有意义，才能说服我一次又一次地去重复枯燥的实验并接受打击。"

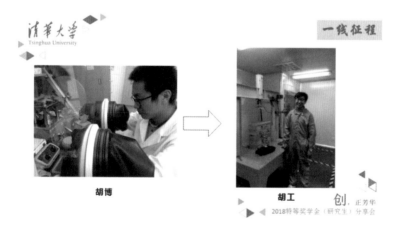

胡尊严在研究生特等奖学金分享会上的分享

"在一线工作中发现学术点"

"在寻找与坚定意义的过程中，与导师的交流十分关键。因为身在学校，你能看到的世界维度很小，但实际上它却远超你的想象。"在胡尊严的课题遇到很大困难的时候，导师和他反复进行了多次交流。导师当时的意见是，"做工科博士的研究，不应该只停留在实验室里"，应该到行业一线去、到工厂去，去看看行业到底有什么问题，然后去解决问题。这样的博士研究才会是一个好研究。

经过反复的沟通和主动争取，胡尊严从清华来到了上海开发区，参与到国内最大燃料电池企业的电堆研发中。他的身份也从"胡博"变成了"胡工"。企业一线的生活自然比学校要辛苦很多，胡尊严在企业的第一个夏天，恰逢上海百年一遇的酷暑。由于工厂氢气不便于使用空调和电扇，他需要穿着厚厚的工服与 70℃ 的台架每天待在一起。"那段时间我每天早上步行 1.5 km 走到公司，晚上 10 点才能结束一天的实验。每次离开厂房的时候，都会觉得 40℃ 的上海无比清凉。"

一线不仅仅有最高的温度，也有最好的学术机遇。在一线工作中，胡尊严经常都能遇到有趣的学术点，甚至工友漫不经心的一句提醒都可能带来意想不到的发现。在一个酷热的下午，某工友查检完耐久性实验电堆后对他随意问道："胡工，电堆的进口和出口电压是不一样的，到底用哪一个来代表真正的性能衰退？"听到这句话的时候，胡尊严整个人都跳起来，立马跑到测试台去看数据。因为在他之前所读到的所有论文中，这个结果从来没有被报道过，大家都惯性地认为石墨是良导体，并将石墨双极板看作是等势体。但此时的一线结果告诉胡尊严，事实可能并不是这样的。

基于这一条信息，胡尊严在公司和学校进行了大量的理论和实验研究，发现并解释了燃料电池电堆在衰退过程中的非等势现象，这个发现不仅仅让他实现了理论突破，更是解决了当时困扰他已久的电堆衰退问题。围绕这部分工作的研究，仅仅博士 4 年级一年时间，他就发表了 6 篇论文。更让胡尊严满意的是，通过工况改进、双极板设计、发动机结构设计等多种手段解决了这个问题之后，胡尊严共同负责的国产燃料电池电堆的寿命提高了 10 倍以上，达到了国际先进水平。这是胡尊严在读博期间最满意的工作。长期在企业一线的研究也让胡尊严意识到，"学术＋一线"是"1+1>2"的关系。

2018 年特奖报告 PPT

对于一名工科博士来说，在企业里可以发现行业当前真正卡脖子的问题，让博士工作能为行业真正做一点贡献。读博几年下来，胡尊严研究提出的测试标准是现在公司电堆诊断的必用方法，他参与负责的电堆也应用于国产发动机的生产。这种模式在工程学科上可以实现极大的优势互补。因此，无论企业的事情与胡尊严的课题相关与否，只要问到他，他都会认真解答。2018 年，胡尊严又花了 4 天时间与公司推进了最新的研究成果，并给课题组带回来 5 个很有意思的研究课题。

作为"KFC"团队中的一员，践行口号的当然不只是胡尊严一个人。搭载整个团队主导开发的燃料电池发动机的汽车，截至 2018 年已经交付于冬奥会 49 辆；参与开发的燃料电池大巴，在全国市场占比达到了 50%。所有产品的控制程序与构型设计，均出自"KFC"之手。从"0"到"1"，"KFC"见证了行业，也在引领行业。

"责任是让人成长最快的方式"

博士生活也不全是科研。读博这几年，除了胡博与胡工，胡尊严还有另外一个身份，是胡导。读博期间，胡尊严在汽车系担任了两年团委书记，半年学生组副组长。那段时间里，除了操心博士课题，还需要关心汽车系所有本科生的第二课堂活动。

双肩挑在胡尊严所在课题组其实并不是新鲜事，"KFC"有着很好的"双肩挑"传统，导师李建秋教授所指导的 60% 博士生都是辅导员。他对于博士生培养的观点是，"一名博士生不仅仅要学术水平过硬，思想素质更是要过硬。"这样才能做一个对社会、对国家有用的人。"在我看来,责任是让人成长最快的方式,作为一名辅导员,我们能感受学生心态的起起伏伏,更会激励自己不要浪费时光,做好榜样。"

在制定规划的时候,胡尊严信奉"求乎上上,得乎上"的理念,总是将标准设置得超出自己的能力。因此每周的总结下来,胡尊严经常满页都写满了完成不理想。"两三年之后我再回头看自己,我发现现在的我比最初预想的自己,已经走得远了很多。无论学术、无论社工,只有不断挑战自己,才能看到更好的自己。"

在研究生特等奖学金分享会的现场,胡尊严用这样一段话作为结尾:"最近经常有人问我,觉得自己这几年最不一样的地方在哪里。我想那就是博士五年以来,我一直践行着这两句话——不浪费每一分每一秒,无论是夜晚、周末,还是逢年过节,我都将全部的精力都投入我所热爱的工作中;将追求卓越、引领行业作为个人的信念,这种文化,也是连接实验室师兄师弟之间最好的桥梁。"